bewusstsein wirksam wird und unser Körperbewusstsein an ihm. Ich mache Dich noch auf die Dreifaltigkeitskirche bei der Alten Akademie – Neuhauserstrasse beim Karlstor aufmerksam; innen nüchtern, aber in der Rhetorik interessant, und die Loretokirche – Nepomukkirche (auch Peterskirche genannt) in der Sendlingerstrasse. Hier will ich schweigen und Sie diesem vollendeten Barock überlassen, dass Sie unvorbereitet und ohne die Waffe des Wissens vom Geiste des Barock jene Randnahmen des menschlichen Daseins erfahren, die durch Erniedrigung nach dem vollen Bewusstsein vom Tod und Wesen der Materie, aus der einst der Mensch geschaffen ist, den Himmel aufreissen wie einen Bauch. Von der Wollust, vom Heute und vom Tod beschickte Barès ein Buch über Spanien und Toledo des Greco. Schon im Vorhof der Nepomukkirche: Die Tropfensonne, der Skelettod mit der Schere, die jeden Augenblick den Lebensfaden des "Kindes" verschneiden wird. Oder muss der Schädel noch schauerlichen Spass und Kieferchmusik, darauf der einen Wange des Menschenkindes die Narre wächst, auf der anderen die Wollust ein Grübchen gräbt. Im Schiff! Die Überwölbung des eingebauten Holzschiffes über die Decke, mit dem Potentatenparadies im verblassten Fresco; die gewundenen Säulen, die dunkel unseres Aufblickes an dienen. Aber auf ihren Kapitäl der Engel, in antiker

27

ERNST GUBLER BRIEFE

Ernst Gubler

Briefe an einen Schüler 1934/37

Herausgegeben und verlegt
von Hermann Jakl

Printed in Switzerland
by Buchdruckerei Franz Kälin AG, Einsiedeln
© Copyright 1982 by Hermann Jakl, Zürich
Alle Rechte vorbehalten
ISBN 3-7198-0002-4

Inhalt

    5 Inhaltsverzeichnis
    6 Zur Ausgabe
    7 Selbstbildnis Ernst Gubler
    8 Vorwort von Daisy Sigerist
   10 Die Briefe
   63 Abbildungen
  111 Drei Reproduktionen von Werken Ernst Gublers
  116 Otto Meyer-Amden, Selbstbildnis
  117 Nachruf auf Otto Meyer-Amden
  122 Nachwort
  126 Dank

Zur Ausgabe
Die Briefe sind nahezu lückenlos abgedruckt (mit Ausnahme einiger persönlicher Äusserungen über Schüler und Lehrerkollegen).
Fussnoten geben Ergänzungen zu gewissen Briefstellen. Der Nachruf auf Otto Meyer-Amden beschreibt dessen Lehrmethode, die von Ernst Gubler übernommen wurde. Im Bildteil sind etliche der Kunstwerke reproduziert, von denen in den Briefen die Rede ist. Die Ziffern am Rande der Brieftexte verweisen auf die Abbildungen.
Die Qualität der Reproduktionen ist unterschiedlich, je nachdem ob sie nach Originalfotos (z.B. der Münchner Museen) oder nach Rasterdrucken hergestellt wurden.
Mit aller Sorgfalt sind drei Arbeiten von der Hand Ernst Gublers wiedergegeben.
Der Linolschnitt der Vorzugsausgabe entstand nach einer Bronceplastik Ernst Gublers.

Ernst Gubler, Selbstbildnis aus den Vierzigerjahren, Zeichnung

Vorwort

Der erste Brief dieser Sammlung trägt das Datum 16. Juli 1934. Der Briefwechsel setzt ein, als Ernst Gubler 39 und Hermann Jakl 19 Jahre alt waren. Bare Jugend gegen Mittelalter. Er schliesst oder versickert vielmehr allmählich drei Jahre später. Erhalten geblieben sind 18 Briefe.
Zu der Zeit, als Ernst Gubler den ersten Brief schrieb, war er in Zürich als Nachfolger von Otto Meyer-Amden als Hauptlehrer an der Kunstgewerbeschule bekannt. Von seinen Nächsten und Schülern ist Ernst Gubler als Autorität, als Intellektueller, als Kritiker erlebt worden. Damit waren auch Verehrung und Zuneigung verbunden, ein Verhältnis, in welchem den Beteiligten die Freiheit zum Abstandnehmen erhalten blieb. Das Intellektuelle steht als Form der Höflichkeit. Was Ernst Gubler als seine Aufgabe begreift — das Leben unter hohen Ordnungen zu meistern, Leben und Kunst zu verschmelzen, das prägt seine Briefe von Anfang an. Und so können diese Briefe keine Plauderbriefe werden: Kleinigkeiten fallen aus. Kaum etwas Subjektives vom äusseren Zufälligen schimmert durch; wenig vom Leben in Zürich, aber alles vom inneren geistigen Lauf, der nicht von Launen, guten oder schlechten Stimmungen seine Farben bekommt.
Die beiden, Lehrer und Schüler, werden sich Helfer. Manchmal sieht es aus wie Arbeitsgemeinschaft: man vermittelt Bücher, Informationen, Ernst Gubler spendet Vorschläge zu Lösungen bei lastenden Kunstfragen. Dieses Helfen hat ein Gewicht. Gubler gibt die Richtung an, welche die Studien seines Schülers nehmen sollen. Und immer wieder die neu einhämmernde Mahnung, das Sehen zu schulen. Wenn Ernst Gubler dem Briefempfänger handwerkliche Ratschläge erteilt, erhalten wir Einblick in Gublers Arbeitstechnik. Besonders aufschlussreich für die Probleme, mit denen er sich als Künstler konfrontiert sah, ist die Raumgestaltung in der Kunst.
Diese Briefe sind auch Selbstgespräche — sie bilden eine willkommene Ergänzung und in manchem eine Art Kommentar zu seinem

künstlerischen Werk. Bei Ernst Gubler ist das Künstlerische seit je mit dem Trieb zur Analyse verbunden. Das geht über Kunstgeschichte und Theorie, Philosophie und Pädagogik. Zu seinen Stammvätern gehören die grossen Denker und die Grossen der Kunstgeschichte, unter ihnen Tintoretto, Rembrandt und Cézanne. Er sucht die Spannung zwischen dem Gotischen und dem Barocken fruchtbar zu machen und versucht, über die Analyse des europäischen Bewusstseins zu einem Humanismus durchzudringen, in dem Kunstgeschichte und Philosophie einander zugewiesen wären.
Gewiss sind diese Briefe eine Hauptsache für eingefleischte Gubler-Leute. Wenn aber Ernst Gubler über «Werkstatt» und Kunsttheorie schreibt, dann schreibt eben Ernst Gubler, und das will heissen: ein einnehmender Künstler, einnehmend durch Wissen, durch den Ton. Es ist die Einsicht, kein Geringschätzen über den künstlerischen Menschen, sondern Abstand ihm gegenüber. Denn alles ist «vu par un tempérament» ein ganz und gar unverwechselbares dazu, subjektiv und persönlich gefärbt.
Es gehört zum Schönen dieser Briefe, zu sehen, wie Ernst Gubler mit allem da ist, was ihn zeichnet. Er war beseelt von dem Verlangen nach Klarheit, nach aufklärerischer Helle wo es darum ging, der Kunst Form und Struktur und Proportion zu geben. Nachdenklich, analytisch, verletzlich, empfindlich und darum Distanz schaffend, Distanz gebietend, als sei er bindungslos.
Will man sich das geistige Klima vergegenwärtigen, dem Gubler entstammt, so denke man an das Zürich Karl Stamms und der Emigranten im «Odeon», und vielleicht noch an Otto Meyer-Amden, zu dem es von Gublers Denken aus gleichsam unterirdische Verbindungen zu geben scheint. Ihnen allein gemeinsam war die Forderung der Echtheit und der Integrität.
Ernst Gubler in exponierter Stellung und in einem Trubel von Pflichten ist «Mensch» und nicht nur Kunsterzieher geblieben. Er ist dem Anfänger zur Hand gegangen und ist später dem Erwachsenen an der Hand geblieben, als Ratgeber bis zuletzt.
Im Verhältnis zwischen Ernst Gubler und Hermann Jakl gibt es keine Trübungen. Die menschliche Zuneigung der Beiden erweist sich an der Art, wie Schwierigkeiten nicht nur überstanden, sondern im gegenseitigen Begreifen verwandelt wurden. Der ältere Gubler war dem Jüngeren immer ein Vorbild — das ist wenigen beschieden.

Herbst 1982   Daisy Sigerist

Die Briefe

Zürich, 16. Juli 1934

Lieber H. Jakl.

Es freute mich, dass Sie mich im Letten aufsuchten, ebenso, dass Sie einiges gearbeitet haben. Trotzdem glaubte ich eine grosse Zwiespältigkeit zu bemerken, die Ihnen jedenfalls zu schaffen macht, — aber wie sollte es anders sein, sie wird uns durch das ganze Leben hindurch folgen; aus ihr nur wird jeweils immer wieder der Weg weiter bestimmt, und wenn es nur ein kleiner Schritt ist. Wenn ich so sagen darf, suchen Sie die Graphik richtig zu erfassen, als etwas Spezielles, als zweckhaft, und darin kann man ja eine glückliche Begrenzung finden, die die Aufgabe umschliesst und die Arbeit zu einem guten Ende bringen kann. Dazu gesellt sich ja noch der Reiz in der Handhabung der Mittel und deren Beherrschung. Nun können auch diese gewissenhaft verwendet werden, ohne jene Akrobatik des «gerissenen Bruders»[1], auf alle Fälle kann mit ihnen nicht «geschmissen» werden. Die glückliche Eingebung der Hand und der Stunde sei trotzdem willkommen, denn sie ist mit der *Verantwortung* zu vereinen. Diese Verantwortung ist nur die verschwiegene gegen sich selbst. Wer aber diese findet, dem geht nun die Tür auf in eine weitere Welt, von der wir leben als Geschöpf, denn wir leben wirklich nur dort, wo wir Form finden, wo wir in Form fassen, ohne sie ist Chaos, vielleicht noch Stimmung, oder Idee. Aber es gibt viele schöne Ideen, uns interessieren sie nur wo sie Form werden und somit Wirklichkeit. Form aber ist nicht die graphische Arabeske, sondern sinnhafte Gestalt, die tiefer und weiter reicht als aesthetische Bedürfnisse, denn sie entsteht nur aus dem Gehalt; dieser ist nicht literarisch, er ist in unserm Schauen, im Zusammenschauen der Dinge, in dem unsere Person ganz beteiligt und aufgenommen ist, ich möchte sagen, es ist unser Bedürfnis nach Atemraum, nach dem Existentiellen. Ob Sie nun das Wachstum eines Baumes sehen, die Topographie einer Landschaft, das Raumschaffende der Dinge eines Stillebens (Cézanne), weit über aesthetische Erwägungen hinaus, so dass alles im «Bild» seinen Sinn und Ort bekommt und verbunden ist, so dass die Elemente des Bildes die Stimmung erzeugen (und nicht die unmalbare Naturstimmung). Zeichnen Sie viel, sehr

---

[1] «gerissener Bruder», «geschmissen»: Ernst Keller, unser Zürcher Grafik-Fachlehrer, gebrauchte solche Ausdrücke hie und da («Jetzt hänn Sie's gschmisse») als Lob, seine Art zu unterrichten war von der EG.s stark unterschiedlich! Damals war ich in der Basler Grafikklasse.

viel nach der Natur, fast möchte ich sagen ohne vorgefasste Meinung, aber mit starker Hingabe des Gefühls; zeichnen Sie das vom Sichtbaren, was in unserer Vorstellung dauernd bleiben muss, wenn Sie die Augen einen Augenblick schliessen und wenn das Vorstellungsbild auf die Werte der Dinge angewiesen ist. Dann ist ein Baum zum Beispiel nicht mehr allein, sondern er sucht nach Verbindung oder Gegensatz, nach dem nächsten bis zum fernen. Er wird Bewegung im Bild, oder Ruhe, oder Farbe, oder Struktur, aber immer bezogen auf ein Ganzes. Werden Sie vor der Natur ganz bescheiden und demütig hingegeben, dann werden Sie die glücklichen Überraschungen *erleben*, wie ein Entgegenkommen von aussen und aus Ihnen. Das sind die sinnvollen Erfahrungen, die zugleich Erleben sind. — Gehen Sie jetzt ins *Basler Kupferstichkabinett* und sehen sich die *Blechen, K.D. Friedrich* und *Menzel* an. — Nur nicht die leere, vorgefasste «Form», die keine ist, wie etwa dieser Hallmann[2], oder die arrivierte Kinderzeichnung der Jünglinge im Greisenbart, wie sie noch an modernistischen Schulen gebäbbelt werden, sondern direkt — unmittelbar aus der Empfindung. — — —

Wenn so der Formenreichtum als eigener Besitz wächst, kann ich nur glauben, dass von da her die angewandte Gebrauchsgraphik für ihre speziellen Zwecke ehrliche Formakribie beziehen kann, und immer neu sein und eindrücklich. Was nützt es Ihnen als Mensch aus Fleisch und Blut und Sinnen und Sinn, wenn Sie schliesslich etwas können wie eine Picasso-Linie, die Sie um eine Leere ziehen, — gerissen, aesthetisch — und behaupten, das sei ein Mensch. Arbeiten Sie viel und hingegeben. Sehen Sie sich das Buch über Edvard Munch von Curt Glaser an (in der Bibliothek); dort sehen Sie wie Natur um Form ringt. Darf ich Ihnen diese Rembrandtzeichnungen schenken.

Die besten Grüsse
Ihr Ernst Gubler.

---

[2] Hallmann, Ib Andersen, Sikker Hansen, Ungermann, Storm Petersen u.a. illustrierten sehr originell (in der Schweiz gab es nicht Ebenbürtiges) jeweils die farbigen Sonntagsbeilagen der dänischen Zeitungen «Berlingske Tidende» und «Politiken», die wir Schüler der Zürcher Grafikklasse auf Empfehlung von Ernst Keller am Bahnhofkiosk kauften. Heinrich Kümpel, Eugen Früh, Hans Aeschbach zeichneten dann in ähnlicher Weise in den ersten Nummern der «Weltwoche».

Zürich, Dez. 1934

Lieber H.J.

Ich danke für Ihren Brief, die klargeäusserten Gedanken freuen mich. Ich erwarte gerne gelegentlich endgültige Abzüge der Schnitte[3]. Beim Raucher schneiden Sie nur die Hand und die Rauch-*linie* noch dazu. Das ist ganz egal, wenn die einzelnen Schnitte nicht gleich in den Mitteln sind. Jetzt kommt es ja auf Ihre Erfahrungen an und auf die Übereinstimmung mit dem Wollen, auch dieses nur in Bezug auf die optischen Mittel gewertet (wobei ich sehr erfreut war zu bemerken, wie die Veranlassung zur Gestaltung im realen Erlebnis wurzelt und somit Stil erhalten kann, ohne die Gefahr der Manier und Stilisierung). Es gilt ja ein Fundament der Anschauung zu legen, auf dem gebaut werden kann, oder getanzt, wenn Sie Lust haben. Nur jene Empfindungen, die realisiert werden können und somit die Empfindungen des Anderen, des Erlebenden vor dem Bilde treffen zu einer Verallgemeinerung, haben Wert dargestellt zu werden. Das verspürten Sie auch bei den «Aktzeichnungen von Martin Schongauer bis heute»[4] von Schinnerer, jener Körpersinn, mit dem die Bildorganik mit der realen Organik äquivalent wird. Das Bild ist nicht die Natur, es ist eine neue Wirklichkeit. Das sagte schon der dankbare Sohn der Natur: Corot. Wie alles Erlebbare, alle Verwandlung nur im Raum sich vollzieht (schon weil das Zeitmoment im Erleben mit hinzukommt), so kann die Gestaltung der reinen Kunst nur die des Raumes sein. Schauen Sie die Bedeutung von Himmel, Erde bei Leonardo, immer ist das Fliessende, das Wasser, die Wolken, der Wind in den Bäumen das Verbindende, und der Mensch ist nur ein Gleichberechtigter in dieser Natur, oder ein in Beziehung gesetzter. Masaccio wird Ihnen dereinst ein Erlebnis werden, wenn die Zeit gekommen ist und die Begegnung für Sie eintritt, und von ihm aus gibt es nur noch Cézanne. (Aber wir spielen erst die Tonleitern im Raum, um die Orgel beherrschen zu können. Und deshalb freuen mich Ihre Bildstudien und die Variationen der formalen Mittel). Eine Landschaft von Cézanne ist für mich wie eine Bachfuge, eine wesentliche Bindung des Raumes, des *Sphärischen*, das über das Bildformat hinaus reicht aber in ihm den Raum-

---

[3] Damals schnitt ich einige kleine Vignetten (langes Breitformat, ca. 10x4 cm), durch die kleinen Vallotton-Holzschnitte mit den Schwänen angeregt. Die Serie war 1936 an der «Nationalen» in Bern ausgestellt.

[4] Gemeint ist das schöne Buch von Adolf Schinnerer, das wohl längst vergriffen ist...

kern besitzt, die Richtungen, die Bewegungen, die Komplexe, so dass das Grosse im Kleinen enthalten ist; jedes Ding hat seine Örtlichkeit, seine Funktion in der Bildorganik. Da wir modernen abendländischen Menschen den unendlichen Raum haben (christliche Vorstellung), so ist alles in ihm Wandlung, Durchgang, Beziehung (da erheben sich Probleme der Plastik von heute und ein tragischer Kampf). Die Griechen mit ihrer absoluten Diesseitigkeit hatten den absoluten Raum (für uns kaum fassbar, gar nicht vorstellbar, als Endliches, Diesseitiges, darin konnte der Raumgedanke tektonisch werden, nicht als Höhle, Innenraum, Gewölbe wie die gotische Kathedrale, sondern als Gewicht und Masse, als Kubus von aussen gesehen, als einmaliger endlicher Gegenstand, absolute Plastik). Die Welt des Raumes ist die Welt der Imagination, der Vorstellungskraft, «die Welt als Wille und Vorstellung», die Geburt der Malerei. Was können uns da die Reize der Kinderzeichnung noch bedeuten als eine Arabeske. Auch der Goldgrund der Byzantiner ist nicht eine Ebene, er ist hier und dort, nah und fern und doch wirklich, was wir noch mit geschwundenen Sinnen indirekt erahnen können, als Transzendentes. Also jene Stilmerkmale, die Typisierung der Hände, Augen, Haltung, die eine Überwindung des Einzelwesens, des Individualismus waren, zu Graphik zu verschleudern und modernen Primitivismus damit zu spielen ist nicht einmal negerhaft, da auch der Fetisch gestorben ist. Wir kommen auch dem gotischen Holzschnitt mit scheinbarer Raumlosigkeit nicht nahe mit den gebrauchsgraphischen Diebstählen (es gibt trotzdem eine ehrliche Graphik: denken Sie an das Kapitel Schrift und ihre sichtbare Ausdruckskraft; ihre direkte Darstellung des Ding-Sinnes im Wort. Auch die bildliche Graphik kann rein sein, zum Beispiel Maillols Vergil-Illustrationen oder der ornamentale Zwang: das Zeichen) und dekorativen Allüren, die alles auswalzt in die Ebene, dass man keinen Atemraum mehr hat. Der Gotiker, der Ritter wohnte doch auf den Burgen, von denen er so weit und herrlich in das Land schaute und die Tiefe wohl empfand. Aber sein Verhältnis zur Natur war so direkt, dass er nicht zum Überblick alles von sich in Distanz zu rücken brauchte wie eine Gefahr, wie einen Feind. Das war nicht ein Leben nur im Vordergrund, sondern eine gegenwärtige Nähe. Petrarca bestieg im Jahre 1335 von Avignon aus die Alpen, man wollte ihn von der Vermessenheit abhalten, aber sein Verlangen in den Raum zu schauen war so gross. Er erlitt von dem Erlebnis einen Zusammenbruch und zog sich in ein Kloster zurück, zu den Be-

kenntnissen des Augustin, er fürchtete, der Mensch müsste sich im Raum verlieren (was im Laufe der Renaissance auch eintraf). Jetzt ringen wir wieder um den Raum. Es gäbe da so viele Probleme zu erörtern, die verschiedene Wege der Raumgestaltung: das Rembrandtsche Helldunkel, der konstruktive Mittelton bei Velasquez, Courbet, Leibl; der Kolorismus bei Matisse, Bonnard; der konstruktive Raum bei Poussin, Chardin, Vermeer van Delft, die Auflösung bei Monet und wiederum die Summierung bei Cézanne.
Arbeiten Sie nur fest und haushalten Sie mit Ihrer schönen Zeit. Heute erhielt ich von einem jungen talentierten Menschen Nachricht, der mit seinen «Ideen» nicht zu Wege kommt und glaubt, dichten statt malen zu müssen. Aber uns interessieren die Formen, es gibt viele schöne Ideen, uns geht das Sichtbare als «Bild» des Empfundenen durch die Kraft der Formen an. Wie kann man da im Ideennebel herumfuchteln, halten wir uns an der für uns einzigen Wirklichkeit: der bildlichen.
Schreiben Sie gelegentlich wieder einige Zeilen
und empfangen Sie meine besten Grüsse Ihr Ernst Gubler

Poststempel 28.12.1934

Lieber H.J.

Ihre Absichten und das Planvolle im Vortasten, wie ich es aus Ihrem Bericht entnehme, sind erfreulich. Wenn Ihnen in meinem Brief auch nicht alles klar werden kann, macht das nichts; das ist auch die Schuld der mangelhaften Äusserung, wenn ich doch meist Behauptungen nicht entwickle und die Gedanken oft unverbunden sich folgen, aber ich setze doch das Verständnis und das Verwandte Ihrer Bemühungen mit den unseren voraus. Wenn Sie wieder da sind und wir mündlich uns aussprechen können, wird es kurzweiliger sein. Dass Sie auf Ingres als Zeichner stossen ist gut. An seinen Bildern (seiner Malerei an sich) gäbe es allerdings fundamentale Auseinandersetzungen. Auch die können uns eines Tages beschäftigen.

Abb. S. 65

Die Variationen des Derain-Stillebens[5] sind gesund. Das Bild ist riesengross im Format. Ich habe das Original wiederholt gesehen. Farbe: ockergelb bis englischrot, weiss warm, schmutzig. Leider stimmt Ihre Annahme nicht, dass das Bild warm-kalt gebaut ist, sondern fast nur warm, sodass durch die Tonigkeit kaum eine räumliche Wirkung aufkommt; auf alle Fälle ist das Kalt ganz unkonsequent, also unbeabsichtigt, durchgeführt. Das Räumliche entsteht nur durch die linearen und flächenhaften Richtungen: und so kann ich Ihre beiden Skizzen vergleichen. 1) Achten Sie noch auf die schräge Richtung des Brotes mit seinen Schnitten auf dem Laib, gerade dort, wo die Waagrechte des Tisches durch den Tuchkomplex als Weiss aufgehoben wird. 2) Die Abwandlung der Horizontalfläche Tisch in den Topf- und Tassenöffnungen in verschiedener Höhe und den sehr guten Grössenunterschieden (bei der eigenen Skizze wohl durch die liegende Mandoline und Tasse erreicht, aber die grosse Distanz beider ist zu unverbunden, es gibt kein Zwischenglied zwischen beiden; die Birnen vergrössern nur den Komplex, sie könnten aber in ihrer Richtung und Stärke die Verbindung herstellen. Aber der Hauptmangel ist wohl: nichts kommt auf gegen die sphärische primärste Form der Melone mit Schnitt, die alle Richtungen in sich hat, die Geraden wirken zu ihr wie nähere oder entferntere Tangenten. Ihr gegenüber ist der Steinkrug in der Mitte zu schwach, weil er beinahe nur die Vertikale linear hergibt. Versuchen

---

[5] Ein grosses Stilleben, langes Querformat, mit Mandoline und Gitarre, diversen Gegenständen auf dem Tisch. Ich malte ähnliche Gouachen (aus der Vorstellung).

Sie die Melone näher der Mitte zu rücken, die Schnittflächen besser auszunützen als Diagonalrichtung. Dafür die Flasche als Vertikale verschieben und als parallele Vorbereitung der Rückwand und der stehenden Gitarrenflächen und in nähere Verbindung bringen mit der Vertikalen der vorderen Tischbeine; asymmetrisch im Vertikalen, jetzt ist Vertik. symmetrisch und nimmt den runden das Gewicht. Jetzt ist die Rückwand zu unwesentlich als Bildplan, vor dem sich alles ereignet, weil zwei Gitarrenflächen und aufgestellter Teller zu geschlossen sind. Auch ist (ausser durch die liegende Mandoline) die Tiefe der Tischplatte nicht entwickelt (ausser durch die verkürzten Tischkanten, die geschwächt werden müssen durch die Tiefenentwicklungen der Dinge. Jetzt sind zu sehr nur zwei Pläne: 1. Plan: Melone, Steinkrug, Birne, Tasse, der in der vordern Tischkante zu simpel vorweggenommen ist. 2. Plan: Gitarrenflächen und Teller. Also noch schiefe Verbindungen dritten Grades durch kleine leichte oder stärkere Flecken suchen. Auch asymmetrischer bauen, dass ein Gleichgewicht eingebracht werden muss. Beachten Sie die reichen Grössenverhältnisse der Dinge bei Derain, auch die Richtungen der Leerräume zwischen den Dingen, die stärker bewegte, gegliederte Umrisslinie der Gesamtkomposition, die den Grund, die Wand stärker in das Stilleben hineinzieht, dass die Wand unter dem Tisch und über dem Tisch auf dem gleichen Plan gehalten werden. Das stimmt nämlich bei Derain auch schlecht. Er versuchte die Korrektur durch einen unmöglichen schiefen Schatten auf der Wand vom Tisch her (diagonal), der aber nicht genügt. Schön dagegen ist noch die Vor- oder Rückwärtsbewegung der Formen bei D.
Dieser Derain ist nur eine einseitige Schulübung mit Cézanneschen Elementen unter Ausschluss der Céz. Farbfunktionen, aber eine sehr gute und schöne Sache. Also viel Glück! Was ich da schreibe ist nicht ein Diktat, Sie können sich dagegen verteidigen, aber mit dem Pinsel!! — Malen Sie gross mit Tempera? wohl gut, da die Korrektur rascher geht.

Meine besten Wünsche, Ihr Ernst Gubler.

NB: Über die verschiedenen Möglichkeiten der Raumgestaltung, wie ich sie andeutete im letzten Brief, gelegentlich später, wenn es Zeit für Sie dazu wird. Jetzt ringen Sie nur mit den Richtungen und Werten durch die plastische Form und die kalt-warmen Töne.

25.1.36

Lieber H.J.

Ihr Brief gibt eine erfreulich deutliche Zusammenfassung unseres Gespräches in der Schule über Realisierungsmöglichkeiten. Es gibt natürlich graduelle Unterschiede im erfassbaren Umfang der Substanz (geistiger Substanz), denn für die Kunst liegt die Kraft nicht in der Natur, sondern im Geist. Damit wird die Natur wie eine Gegenkraft einbezogen. Und heute sehe ich keine andere Möglichkeit für die abendländische Malerei, als den Weg zum neuen Sinn einer Gegenständlichkeit (das ist nicht neue Sachlichkeit oder Formalismus, wie gewisse Neudeutsche ihn üben, oder wie im jungen Frankreich ein beruhigter Akademismus mit den Dingen temperierte Bilder baut. Dies verrät allerdings das neue Bedürfnis, aber der Gegenstand müsste mit *Leidenschaft* ergriffen werden können, um durch das Subjektive zur allgemeinen Form zu gelangen).
Aber mit dem realisierten «Umfang» des Bildes haben wir vorerst uns nicht zu belasten, die Belastung erfolgt schon durch sich selber, indem wir uns *menschlich* weiterbringen (Talent haben viele, aber Charakter wenige). Darum ist es viel, drei Elemente zur Bildeinheit zu bringen, schöner fünf, noch schöner zwölf, aber immer muss das Resultat die Einheit sein, und somit ist die Sache immer ganz. Ich hielt dieser Tage einen kleinen Bonnard in Händen, ich zitterte sichtlich, so traf mich diese einfache Einheit; diese ist die allein mögliche Existenz, erreichbar durch die rationellen logischen Bildmittel, die undarstellbare Absolute beschwört, auf das sich jede Einheit beziehen muss. Seien wir froh, dass Bonnard und Vuillard noch malen heute. Mündlich einmal weiter auf dieser Bahn. —
Ihre Skizze zu dem Bild[6] «Figuren in der Landschaft» ist gut. Beengen Sie sich nicht mit formalem Zwang, vergessen Sie die *Impression* nicht, lassen Sie ihr die Offenheit und den Vortritt im Kolorismus. Schade, dass Sie nicht auf Leinwand mit Kasein malen; Tubenfarbe auf Papier ertrinkt immer und lässt eine offene Farbsubstanz nicht zu. Ich habe leider keine Emulsion mehr im Augenblick. Aber kommen Sie doch in der Schule vorbei und wir machen eine Flasche voll, dass Sie Vorrat haben und sich in Zukunft selber bedienen können.

---

[6] Damals (und noch bis ca. 1942) malte ich etliche Gouachen (Landschaften, Figürliches, Kompositionen) aus der Vorstellung, die oft «Erinnerungen» an Marées, Cézanne, Bonnard waren...

Ich will meine verschiedenen Bilderskizzen möglichst rasch zu Ende bringen und sie Ihnen zeigen. Es geht damit noch auf und ab.

Beste Grüsse Ihr Ernst Gubler.

Zürich, 23. April 1936

Lieber H.J.

Ich hatte jeden Tag Nachricht von Ihnen erwartet. Ihre Mitteilungen berühren mich erfreulich, und ich folgte in Gedanken Ihren Gängen durch die Stadt: die Ludwigstrasse hinunter, die nordische Via Appia, eine späte Neuschöpfung aus einem letzten Lebensstil; diese Ordnung, oder wenigstens noch Gliederung, die vielleicht mehr noch den Strassenraum (als den Baukörper) bedenkt, vermag noch den menschlichen Schritt zu regeln. Leider sind an der Arcisstrasse etliche Profanhäuser den «Neubauten» geopfert worden. Aber ein herrliches Beispiel der Auswirkung der Renaissance in den 90erjahren steht noch als Zeuge der Architektur Seidls an der Arcisstrasse (das Haus mit der Rückseite gegen die Staatsgalerie gerichtet). An jener Fassade (die sicher auch die einfachste Gliederung des Innenhauses verrät) scheinen mir alle architektonischen Elemente völlig rein angewendet: Gliederung, Proportion, Richtungen, Rhythmus in der Profilierung, Fixpunkte, an denen sich die Bewegungen messen; Gewichts- und Massenempfindungen, selbst die malerische Mitwirkung, die Tragkraft der Gesimsschatten, die gestuften Vermittlungen einer Relieftiefe zu in den Fenstern und Nischen, wohl alles ist vorhanden, das durch unser Körperbewusstsein wirksam wird und unser Körperbewusstsein an ihm. Ich mache Sie noch auf die Jesuitenkirche bei der Alten Akademie Neuhauserstrasse beim Karlstor aufmerksam: innen nüchtern, aber in der Tektonik interessant. Und die Asamkirche[7] = *Nepomukkirche* (auch Peterskirche genannt) in der Sendlingerstrasse. Doch will ich schweigen und Sie diesem vollendeten Barock überlassen, dass Sie unvorbereitet und ohne die Waffe des Wissens vom Geiste des Barock jene Rangordnung menschlichen Daseins erfahren, die durch Erniedrigung und das stete Bewusstsein vom Tode und Moder der Materie, aus der auch der Mensch geschaffen ist, den Himmel aufreissen wie einen Bauch. «Von der Wollust, vom Blute und vom Tod» betitelte Barrès sein Buch über Spanien und Toledo des *Greco*. Schon im Vorhof der Nepomukkirche: die Tropfensonne, der Skelett-Tod mit der Schere, die jeden Augenblick den Lebensfaden des

---

[7] Die Hauskapelle der Brüder Cosmas Damian (1686-1739), Maler und Architekt) und Egid Quirin Asam (1692-1750), Bildhauer und Architekt, an ihr Wohnhaus angebaut. Die Kirche entstand 1733-36.

«Kindes» zerschneiden wird. Oder macht der Schädel noch schauerlichen Spass und Kiefermusik, dass auf der einen Wange des Menschenkindes die Starre wächst, auf der andern die Wollust ein Grübchen gräbt. Im Schiff: die Überwölbung des eingebauten Holzschiffes durch die Decke, mit dem Potentatenparadies im verblassten Fresco; die gewundenen Säulen, die Mühsal unseres Aufblickes an ihnen. Aber auf ihrem Kapitäl der Engel, ein antiker Hermaphrodit, der mit der Fussspitze sich in die Luft abstösst. Der überlange Kreuzstamm, bis zur Luke der Taube, die eintritt. Alles wie eine Variéténummer von Trapezkünstlern, oder eine Matrosenvorführung im Takelwerk des Lebensschiffes. Aber die Illusion ist vollkommen, der Sturm tobt, die Erlösung ist Verheissung. — — —
Schon seitlich des Eingangsportals die Naturfelsen, der Fels Petri, auf dem sich die Kirche Roms erhebt, — Mittel der Überleitung, wie sie Hildebrand am Wittelsbacher Brunnen glänzend anwendete, hier als Übergang vom «Asphalt» über die Natur zum Kunstwerk, dort als Fels im Strom des Alltags für das ewige Symbol und Gleichnis. Von hier aus werden Sie leichter Schlüsse ziehen auf die Bedeutung der Materie (des Überflusses, von dem wir allein leben, da uns alles geschenkt ist) bei Tizian, stärker bei Tintoretto; die in der Sehnsucht des jungen Cézanne lebte, der wir als verdünnte Existenzen hilflos gegenüberstehen und uns dennoch nicht, wie so viele, in eine schale Aesthetik retten können und wollen. — — —
Hätte ich einen geschenkten Tag in München zu verbringen, so dürfen Sie sich vorstellen, dass ich etwa vor den selben Bildern der Pinakothek und der Staatsgalerie, die Sie aufführten, stehengeblieben wäre. Wären wir zusammen gewesen (was noch leicht im Sommer eintreffen kann), so hätte ich Sie da und dort wohl am Ärmel genommen und auch vor bescheideneren Werken, die aber von einer direkten und demütigen Anschauung zeugen, zum Verweilen eingeladen. Aber Ihre erste Sichtung ist vortrefflich, und erst mit der Zeit werden viele Bindeglieder, oder Werke, die von der Zeit leben, sich einordnen und Ihnen Vergnügen in dieser Übersicht bereiten. Ich möchte ja wünschen, dass Sie in Ihrer Jugend sogar exklusiv sind, vieles ausrangieren, das die grosse Linie trüben könnte, sich vom Temperament leiten lassen, um auf der einen Seite die Individualität zu kräftigen und deren Willen, dessen Speise das Erlebnis ist. So wende ich nichts ein, wenn Sie vor der Dornenkrönung des S. 69
Tizian gebannt stehen, — aber später, nach Jahren, trotzdem vor der Fusswaschung des Tintoretto harren, voller Ruhe und Ihr ge- S. 71

samtes Wissen sammeln (ohne dass dann die Dornenkrönung Einbusse zu leiden hat; denn diesem Werke stehen wir wie einem Phänomen gegenüber), dessen gestaltete Dynamik nur dazu da zu sein scheint, die Transzendenz zu tragen, so wie dieser umgekehrte Sinn der Krönung allererster Erkenntnis entspricht, dass das Nichts das Sein, das Sein das Nichtsein, zusammen das Totale, das Eins ist (Thomas von Aquin, Hegel). —

S. 73 Jedenfalls haben Sie auch die Nana mit dem roten Federfächer von Feuerbach in der Staatsgalerie (neben Pan[8]) nicht übersehen (sonst wartet sie), die zum Vergleich mit Ingres drängt, aber in der Simplizität ergiebiger ist als dieser, vergleichen Sie die Gliederung der Wand, des Getäfels, wie selbstverständlich, unpreziös. Ich möchte wünschen, dass Sie noch oft vor Werken in das beredte Schweigen treten, wie vor Marées' und Cézannes. Wenn Sie die Briefe an Moser und Altherr kennen, so glaube ich darin einmal über die Farbigkeit

S. 75 der Werbung von Marées Andeutungen gemacht zu haben (dort entgegen einer Kritik von Schinnerer), auch über die Notlösung des Räumlichen durch das Gitter der dunklen Bäume im Hesperiden-Mittelbild, aber auch warum ich das «Lob der Bescheidenheit» für das vollkommenste *Bild* halte.

Dass Sie Ruisdael, Terborch, Netscher würdigen, ist schön (wir haben einen kleinen Knaben von Netscher im Kunsthaus). Aber von Terborch zu Pieter de Hooch und Vermeer ist noch jener Schritt, der ein Wagnis und eine Entscheidung ist, wie ein Schicksal, das Sie vor Marées und Cézanne und Tizian erfuhren; — Ereignisse, die nicht zu Vielen als Geschenk der Befähigung zu Schauen beschieden sind, die mir in Depressionen allein schon das Leben lebenswert machen können, wenn man sein eigenes Tun und die Kunst nicht als Ehrsucht, sondern als Quelle der Erkenntnis im Leben nimmt, die Gestaltung als die uns möglich Einheit (im Bilde) erkennt, die als erkennbare Stufe vor das Absolute tritt. Prüfen Sie dies zum Beispiel

S. 77 vor Rubens' Doppelbildnis (Selbstportrait mit Isabella Brant), wie die beiden Menschen gleichsam einen einheitlichen Innenraum schaffen und dieser zu dem Fernblick in die *Tiefe* in Beziehung steht. Cézanne schrieb ja auch, dass wer die Tiefe entwickle, berühre die Wahrheit.

(Die beiden guten Rottmann-Landschaften finden Sie in der Städtischen Galerie, Lenbachvilla.)

---

[8] Vermutlich «Pan im Schilf» von Böcklin, ein grossartiges Frühwerk.

Dafür, dass Sie die beiden Briefe an A.[9] abgeschrieben haben, worin ich in einer guten Stunde unternommen habe, die Disposition zu einer grösseren Arbeit über das Wesen der Farbe, die mich beschäftigt, niederzuschreiben und zu verschleudern, wie es scheint, bin ich froh, da ich diesen ersten Teil vielleicht einmal wieder gebrauchen kann. Leider schien der Empfänger nicht das Bedürfnis zu haben, mir die Fortsetzung dieser Disposition zu entlocken.
Ich habe die beste Zuversicht, dass Sie bleiben[10] können. So oder anders brauchen Sie an Ihrer Arbeit nicht zu zweifeln. Wenn die Prüflinge, wie Sie schreiben, konstruktiv begannen, so war dem nicht so, das war nur ein Schema, wie man es an Schulen lehrt, eine Konstruktion kann nicht derart untergehen.
Schreiben Sie bald wieder.
Hoffentlich können Sie meine Schrift von müder Hand (ich habe die erste Schulwoche hinter mir, Tagesklasse mit 29 Schülern) entziffern.

Herzliche Grüsse Ihr Ernst Gubler.

Ich habe mich an diesem Briefe nun erholt und gehe an die Arbeit, ich habe ein reiches Relief begonnen mit der Entwicklung ganz klarer Valeurs.

---

[9] Diese EG.-Briefe an Rud. Moser und Hrch. Altherr (welche mit mir in München waren), hatte ich damals abgeschrieben, kann sie heute nicht mehr finden.

[10] Zweitägige Aufnahmeprüfung an der Kunstakademie München.

Zürich, 7. Mai 1936

Lieber H.J.

Ich danke für Ihren Brief. Ihre Berichte sind mir immer ein Miterleben und eine Bestätigung, insofern ich nur ein wenig in Anspruch nehmen darf, dass meine Geisteswelt Ihnen früh- und rechtzeitig einige Perspektiven eröffnet hat, die nicht nur ideell, sondern immer gleich bezogen auf den Ding-Sinn (ähnlich wie er im Wort als Sinn und Anschauung umschlossen ist) zu den unendlichen Bezogenheiten der Realität im Weltbild, also zu einer Wirklichkeit führen müssen. Das muss, sicherlich über alle Lehrhaftigkeit hinaus, in Jedem das Gefühl der innern Freiheit wecken, bei strengster Bindung und Disziplin, denn Ordnung ist immer das Mass der Freiheit, in der Form nicht Zwang ist (Formalismus), vielmehr ein sichtbarer Geist, der der Realität begegnet. Farben nimmt das Auge auf, sogar ihre Harmonie in der Farbigkeit (was bei Frauen sehr ausgesprochene Sensibilität hervorruft), aber die Form ist vom Auge geschaffen und herausgestellt im Schauen, das immer ein Zusammenschauen der Dinge ist (nicht ein Sehen). Denken Sie an die wohl reizvollen «primitiven» frühen griechischen Reliefs, deren formalistischer «Zauber» allein aus der mangelhaften Form, die entstanden ist durch den Widerstand des Meissels am Material (das Vergnügen der Zürcher Graphiker), mit den späteren Werken, etwa von Olympia an, wo ein Flächensystem der Materie entgegentritt und sie bezwingt im Bilde; dieses sich entwickelnde Flächensystem, folgend den Rapporten, vielleicht einem Kanon, der alle Elemente, Linie, Fläche, Masse, Kubus usf. nicht isoliert, sondern alle allen gibt zu einer Dynamik (selbst im Statischen). Dies ist nicht ausgedrückt mit der Metapher «der Geist habe der Materie den Stempel aufgedrückt», da eine Verwandlung sich vollzogen hat in der Gestaltung vom Geiste her. Wird die hohe Intelligenz einmal geistig, so ist sie wieder lapidar, direkt und einfach (so, wie Sie sich erinnern, mein Bruder Ed.G. Cézanne, selbst Leibl als Primitiven bezeichnete). Es ist deutlich zu sagen, dass die Entwicklung der Elemente in der Plastik sich im *Licht* vollzieht, das das Sichtbare macht und die Körperwelt in den Raum stellt, auf herrliche Weise relativiert, das heisst, nicht verkleinert, sondern ihr vom Geist her das *Wesenhafte* gibt. Mit den Worten Raum und Wesen ist zugleich eine Wirklichkeit gegeben und die Wirkung von Bezügen, das Gesetz und die Rationalität. Denn die Bildelemente entwickeln sich *rationell* (das wissen wenige, andere

arbeiten mit mehr oder weniger glücklichem Instinkt). Denn nur so kann das Rationelle, das Gesetz mit seiner Logik die Bildmittel zur *Einheit* führen. Ganz gleich ob diese aus drei Elementen zustande kommt oder reicher aus einer grösseren An=Zahl. Zahl = Teil. In ihr wirkt der Geist als im Schöpferischen ein Zuvor und ein Darnach. Im Geiste lebt die «Freiheit im Gesetz» (Schiller, Tell). — Wenn ich oben von dem Medium *Licht* schreibe, so überlasse ich Ihnen die Anknüpfung an meine Disposition über die Farbe zu finden, ferner sein metaphysisches Wesen durch unsere Realität zu bestätigen; also in der Wirkung, in der Imagination, Image = Bild; ferner: wie unsere humanistische Bildung uns stark bestimmt, das Wesen des Lichtes nicht zu trennen, zu verselbständigen, wie in der Gloriole der gotischen oder byzantinischen Heiligen das Geistig-Sinnliche umfasst ist, oder zu empfinden wie im gotischen Komplex die Verschiebung vom Realen zum Lichte hin stärker ist: zum Beispiel in den Glasfenstern, wo die Farben und die Formen wie ein Filter dem Licht sich entgegenstellen, um in ihm erweckt zu werden. — So sind wir wieder mitten in der totalen Erscheinung, die das Bild verlangt, wo sich die Elemente wieder verschmelzen und der Plan in der Realisierung aufgehoben ist, in ihr sich gleichsam umwendet (wieder wie das Nichts im Sein und das Sein im Nichts) zum Objektiven, aber bestimmt durch das *Individuelle* (hier ist das «wie ich es sehe» nicht mehr eine Zufälligkeit oder eine subjektive Manier). Das Weltbild muss vor der Besinnung und Erfahrung bestehen können, daher müssen Verstand und Gefühl in *einem* menschlichen Wesen begründet sein, und nicht, wie rasche, nirgends beheimatete Romantiker glauben machen wollen, Gefühl und Verstand stünden einander feindlich gegenüber und aus diesem Dualismus wäre eine Spannung zu beziehen für die Gestaltung; diese blieb dem deutschen Expressionismus gründlich versagt, weil ihm die Kräfte des gotischen Komplexes ebenfalls fehlen mussten.
Im Begriff des Geistes liegt das Vermögen zur Besinnung, Einsicht, Werterkenntnis und Wertverwirklichung.
Ich erzählte meinem Bruder M. von Ihrem Eindruck vor der Dornenkrönung des Tizian und er sagte: «Vielleicht hat er (das sind Sie) schon etwas vom grossen Métier gemerkt». — Darin liegt das Problem, das ich hier kurz entwickelte, umschlossen. — Ich will hier abbrechen, wir werden ja immer von neuen Seiten her wieder dazu geführt werden.
Von der Demut, vom Verzicht um des Gewinnes willen, vom Über-

fluss, von dem wir erst richtig leben, von der Gabe, die ich zum Beispiel geben kann, selbst nur als ein mir Geschenktes zu denken — ist vielleicht ein zentrales Motiv in mir, daher sehe ich überall so rasch die Unaufrichtigkeit, *den gemalten Ehrgeiz,* statt den neuen Sinn der Gegenständlichkeit, erfasst von einem Ich, — so schrieb ich im letzten Brief jenen Passus, der sich auf die Versperrungen durch den Ehrgeiz bezog, ganz auf mich bezogen und ich war ahnungslos, dass Sie sich als Ziel für einen geschleuderten Stein betrachteten. Das haben Sie nicht nötig, im Gegenteil, ich möchte Ihren Elan tüchtig heizen und Irrtümer wie Steine auf dem Weg wegräumen (denn uns andern nahm sich wirklich niemand an, die Arbeit war hart), damit Sie Ihre Kraft an fruchtbareren Widerständen steigern.
Ich sitze soeben in einer dunklen Wirtschaft am Pfauen, überall zwischen den Fenstern durchsichtige Dunkelheiten des Raumes, wo das Licht hinkommt, beginnt es zu malen!!
Schreiben Sie wieder, ganz nach Lust und Bedürfen. Die Bemerkung, dass Sie Ihre Arbeit von den letzten gemalten Bildern her fortsetzen werden, freut mich. Trotzdem kann das veränderte Milieu und der Überblick über die Kunst, die München bietet, weitere Probleme stellen.
Grüssen Sie von mir Erich Schmid[11]; er wird bei Preetorius sein. Was Sie über Ihr ständiges Fieber bemerken, macht mich etwas bedenklich. Vergessen Sie die Fürsorge für die Gesundheit nicht: (.....)
Über die Schriften von Konrad Weiss will ich Ihnen nächstens die Angaben machen, wenn ich Hrn. M. fragte, wo sie antiquarisch zu beziehen sind.

Herzlichst grüsst Sie Ihr Ernst Gubler.

---

[11] Erich Schmid war Schüler in EG.s Bühnenmaler-Kurs gewesen. — Einige «medizinische» Ratschläge sind weggelassen (ich hatte ständig leichtes Fieber).

Zürich, 18. Mai 36

Lieber H.J.

Ich will sogleich Ihre «kleinen Anfragen» beantworten: Den Anatomie-Atlas von Mollier brauchen Sie doch nicht zu kaufen. Holen Sie ihn aus einer Bibliothek für die Zeit des Studiums. Das Gefühl für die Organik kommt nicht aus dem Atlas, sondern aus seinem eigenen Körpersinn. Zudem gibt es einen kleinen Mollier, der genügt zum Studium vollständig, ich werde ihn hervorkramen aus meinen Schulbüchern und ihn Ihnen leihen, ich schicke ihn sofort als eingeschriebene Drucksache.

Das Feuilleton *Corot* von Reifenberg war sehr gut. Seit Meier-Graefe wurde wenig so Gutes geschrieben. Selbst Reifenberg fand nicht mehr diese grosse Linie seit seinem «Bonjour Monsieur Courbet». Aber es hat sich in den letzten drei Jahren vieles aussen geändert. Mit diesem Corot-Aufsatz erinnert man sich wieder an die herrliche Triebkraft im Feuilleton der «Frankfurter Zeitung» in der Aera Kracauer - Reifenberg - Friedrich Th. Gubler. Damals ging es um eine Wertsteigerung und einen neuen Humanismus. Ich schrieb damals etliche Arbeiten für die F.Z.

Das Literaturblatt erscheint jeden Sonntag in der 2. Sonntagsausgabe. Hin und wieder im Kupfertiefdruck (oft an Festtagen), wenn das Blatt vorwiegend kunsthistorischen Besprechungen dient. Auch im Literaturblatt ist vieles anders, neue Namen. Hervorragend sind immer noch die philosophischen Besprechungen von *Fritz Kraus*, die Religionsgeschichtl. von Herrigel, dann Uhde-Bernays und Hausenstein und in grösseren Arbeiten auch Benkard und Heise. Achten Sie darauf, dass *Hausenstein* auch unter den Namen *Johann Armbruster* und *Gilles* schreibt. Vor einigen Wochen schrieb auch Jedlicka einen vorzüglichen Aufsatz zu Corinth in Basel für die F.Z. Die Beilage «Für die Frau» erscheint einmal im Monat, meistens am ersten Sonntag.

Natürlich fallen die guten Aufsätze nicht immer auf die Sonntags-Ausgabe. Zudem fallen sie nicht mehr so häufig wie damals, als sie sich drängten und um den ersten Platz im Feuilleton rangen. Aber Sie finden sicher ein kleines Café, etwa das Steffani - Amalienstrasse, wo die Zeitungen eine halbe Woche im Halter bleiben, sodass man sie durchblättern kann.

Den Hadeln-Tintoretto möchte ich gern besitzen. Ich werde jedenfalls in den Sommerferien meine Tante in München besuchen und das Buch noch finden.

Den Walz an der Amalienstrasse haben Sie also entdeckt. Dort finden Sie ja auch den Pidoll-Marées in der Ausgabe der «Münchner Kunstschriften».

Es gibt eine Art Lexikon der Kunstepochen mit vielen kleinen Abbildungen und kurzen Charakteristiken, kleine schwarze Bändchen unter dem Namen der Bibliothek: *Ars una*. Da gibt es ein Bändchen über die Flämen und Holländer, das reiches Abbildungsmaterial enthält. Meyer-Amden benutzte es als Begleiter auf seiner Reise nach Holland, die er noch unternommen, als sein Leiden schon für uns sichtbar wurde und einen traurigen Schatten über uns warf. Von wem ist das Holländerbuch, das Sie kaufen möchten? Ich will den grossen Kenner Dr. Hugelshofer noch fragen nach einem umfassenden Buch über holl. Malerei. Vielleicht finden Sie den Hieronymus Bosch von Pfister antiquar. (grünes Buch). Wohl ist er noch nicht in der Reihe der Malerei, die Sie beschäftigt. Ich begreife schon, dass Sie zunächst die Gotiker und frühen Italiener beiseite lassen. Vielleicht nähern Sie sich ihnen von den Flamen her: Van Eyck und Dierk Bouts, oder vom Maurizius des Grünewald her, rückwärts gehend die rein malerischen Raumelemente in rein formal-konstruktive verwandelnd: etwa bei dem grossen Pacher-Altar. Aber lassen Sie sich Zeit. Wir werden immer wieder mittelbar und vom geistigen Prinzip her in die Formenhierarchie der Gotik eindringen und diese Welt, trotz der christlichen Transzendenz, die auf den unendlichen Raum gerichtet ist, wie eine Absolutheit nehmen müssen, immerhin kommt uns schon ein uns naher Individualismus im Expressiven entgegen, wenn wir an die Dogmatik des Byzantinismus daneben denken...

Aus der Lektüre der Schrift «Das gegenwärtige Problem der Gotik» von Konrad Weiss werden Sie zu dieser Frage wenigstens einige Ahnungen erhalten. Man darf dabei nie ausser Acht lassen, dass K.W. ein katholisches Denken vertritt und mit dem Bestreben wortgestaltend zu wirken (er ist ein Dichter) zu einem Barock gelangt, was auch in seiner Lyrik merkbar wird als eine neue Barocklyrik. Ein Zeichen, dass es mit Neu-Byzantinismus und dessen Formelmagie für uns aus ist und uns die mächtige Dynamik dafür geschenkt wurde, dass sich das Individuelle auswirken kann und dennoch von einer Totalität abhängt, der es das Bild der Einheit schaffen darf. Von der Gestaltung innerhalb der Möglichkeiten der geistigen Bezüge her verstanden finde ich K.W.' Schau stark, die das

geschichtliche Bewusstsein gegenwärtig hält, als die Gegenwart
überhaupt, durch die die Hintergründe hervorwachsen und für
unser Denken die Räumlichkeit beanspruchen, denn nur in ihr ist
eine Summe möglich, die vom Bewusstsein umschlossen werden
kann, als Vorstellung. Denken Sie an die drei primären Stufen der
Erkenntnis: *Wahrnehmung – Bewusstsein – Abstraktion*, wobei im
Bewusstsein der ganze Wert der Person, des Erkennenden, behei-
matet ist und die grosse Umkehrung von dem was «Natur» ist und
gibt, sich vollzieht unter dem Geist, der das Allgemeine sein muss,
die Abstraktion. (Denken Sie bei dem Ausdruck «Abstraktion»
immer an die Begriffsbildung zum Beispiel *Mensch*: in dem Begriff
Mensch sind alle individuellen Divergenzen und Gleichheiten aller
Menschen gesammelt, beinahe die Ausbreitung des Mysteriums der
Vielheit aus der Einheit. Oder ein Beispiel aus der Malerei: Der Van
Gogh mit der Pfeife ist sofort und vorerst der Mensch Van Gogh. S. 79
Der Raucher Cézannes ist zuerst ein Mensch und hernach erst noch S. 79
ein bestimmter Mensch.) Diese Abstraktion kann allein die Gewähr
bieten für die individuellen Kräfte und auf sie zu die Frage nach der
Wahrheit gestellt werden. Wir definieren nie was Wahrheit ist, aber
wir fühlen die Wirksamkeit von Kräften. Abstraktion ist also nicht
ein Sich-lossagen, sondern die Bindung in der gültigen Verallgemeinerung, (während die Pseudo-Abstrakten und Surrealisten auf un-
menschliche, niederträchtige, unwürdige Weise in den drei Stufen
das *Bewusstsein* einfach überspringen und von der Wahrnehmung
gleich in eine Abstraktion überspringen wollen und mit schalem
Formalismus bezahlen).
Lesen Sie Konrad Weiss sehr kritisch und halten Sie ihm nur Stand
mit ihren gefühlsmässigen Einsichten. Zum Beispiel frägt man sich,
wogegen das «neue Gefühl» (S. 14) sich eigentlich richte, gegen welche Kunst? (gegen die bürgerliche natürlich — dies ist wieder vage).
Aber um 1900 war doch Leibl da, die grossen Franzosen. Ebenso
S.14: «Die tieferliegende künstlerische Wahrheit» der neuen Gene-
ration, — nun zu ihr gehöre doch zum Beispiel ich mit meiner Entwicklung, der Expressionismus war doch tot geboren, er kam doch
nicht aus dem gotischen Komplex, sondern aus dem Ende, dem
barocken Aufspalten eines Dualismus (oder noch deutlicher: aus
der Entdeckung des El Greco), damit zwischen den Realitäten
Gefühle, nein Empfindungen geistern. Gegen die immer wiederkeh-
renden Angriffe gegen das klassische Gestaltungsprinzip bei K.W.
muss ich mich zur Wehr setzen (Raumentwicklung bei Vermeer,

Chardin, Le Nain, Poussin, Cézanne). — S. 16: «der lebendige und handelnde Geist» — er ist immer lebendig, einen toten Geist gibt es nicht — «der mit Naturkraft in der Kunst sich äussert» — das ist sehr missverständlich oder romantisch. Aber trefflich S. 16/17: das Beispiel mit dem Gethsemane-Gedanken bei Van Gogh und S. 19 die Bemerkung zu Rembrandt, ebenso in der ganz gescheiten Abhandlung, in der seriösen Weise wie er Karl Caspar nur als ein Beispiel für das Problem nimmt.
Ich war in Bern, fand auch Ihre Holzschnitte. Die Ausstellung ist wie alle Zusammenkünfte so vieler Bilder. Ich will vielleicht später versuchen einen einfachen Überblick zu gewinnen. Ich kenne einiges, was im Keller blieb und schluckte viel von den Intrigen und der Hintertreppenpolitik, die für mich die ganze Angelegenheit beschatten. Die guten Sachen werden Sie in anderen Ausstellungen besser sehen können. Zudem ist die Fahrt nach Bern und zurück teuer (18.60 Fr.)

Mit den besten Grüssen Ihr Ernst Gubler

R.M. tauchte auf. Vielleicht können Sie ihm besser beistehen als ich. Ich glaube, ich habe ihn nur verwirrt. Wenn er von sich aus etwas unternommen haben wird, werde ich vielleicht den Weg weiter finden zu helfen. Seine Zeichnungen von der Akademie finde ich gut. (Schade, dass er nie von der ganzen Figur ausgegangen ist, von der Standfläche, der Basis für jede Konstruktion der Bewegung).

Freitag (Herbst 1936)

Lieber H.J.

Ich hatte meinem Bruder geschrieben, dass Sie nach Paris[12] zu fahren gedenken. Sie dürfen also getrost ihn abends aufsuchen, er wird Sie erwarten, wie er zurückschrieb; er wird Sie auf manches aufmerksam machen können (Bonnard, Vuillard) oder sicher sich nicht nehmen lassen, selbst wieder eine Tournée durch die Rue de la Boétie[13] und Rue St. Honoré Fbg. mit Ihnen zu unternehmen. Vielleicht ist auch bei unserem Freund Kaganowitch[14] etwas Gutes zu sehen. Und dann finden Sie abends im Gespräch sicher (da Sie ja unsere Terminologie der Sprache schon gut kennen) willkommene Unterhaltung. Mein Bruder wird Ihnen gern beistehen und Sie können einige Sicherheit empfinden einen Ort zu haben, wo Sie sich hinwenden können und nicht «verloren» gehen in dieser schönen Stadt.

Gruss Ihr Ernst Gubler

Bin Samstag Vormittag im Atelier Letten.

---

[12] an die Cézanne-Ausstellung in der Orangerie, Herbst 1936
[13] wo die Bildergalerien sind
[14] Kunsthändler Max Kaganowitch, den Max Gubler kannte

Non savoir pour sentir,
Mais sentir pour savoir.   Zürich, im Oktober 1936

Lieber H.J.

In einer Stunde so eigentlich «dazwischen», und bald lebt man nur noch von solchen Stunden «dazwischen», in denen man gerade nicht nachlassen darf, nicht loslassen darf, um nicht in eine gänzliche Leere zu fallen, brauche ich meine Doppelgestalt, mein vis-à-vis, einen Adressaten, als der Sie nun herhalten sollen; aber er dient mir zugleich als scharfes Kriterium, als Befrager, als das Gegengewicht zum Gleichgewicht. Was ich zu schreiben versuche, ist denn auch eine Zumutung an mich, an der ich mich vielleicht bewähre oder vielleicht scheitere. Mein Denken verfolgt immer noch die Phänomene und die Darstellung der Phänomene. 1) Dies geht nicht den Maler als Maler an, sondern den Menschen (der vielleicht auch Maler ist), denn die Wahrheit des Bildes, als bescheidene Analogie der Offenbarung, als welche diese dem Menschen, der vom Geist her als Einheit angelegt ist, verstattet ist, ist die Wahrheit der höchsten Momente der Erscheinung. Was mir hier gelingen möge, soll ein weiterer Abschnitt sein, der sich an den Brief über die Farbe (an H.A. gerichtet) anschliesst.
2) Wir werden noch lange unter dem Eindruck der Cézanne-Ausstellung stehen. Wenn sie nichts «Neues» zu geben schien, weil wir vielleicht befähigt sind, im einzelnen Werk den «Komplex» Cézanne sich erschliessen und sich selbst wieder zurücknehmen zu sehen, so war das Erlebnis das Glück der Bestätigung und für mich ein Blick in die Tiefe. Es ist zu bemerken, dass selbst den Laienbesucher der Ausstellung keine Überraschung, keine Spezialität, keine Besonderheit, keine Eigenart, Art der Begründung einer Umsetzung, die nur einen Formalismus nach sich ziehen müsste und eine psychologische Deutung zuliesse, entgegenkam. Durch eine Landschaft Van Goghs wissen wir bald mehr vom Menschen Van Gogh als von der Landschaft selber. Bei Cézanne erfahren wir in den hohen Fällen die völlige Distanzierung — durch die Realisation — von den Bedingtheiten des Malermenschen. Dies scheint völlig falsch und unmöglich zu sein, weil die Individualität die Überschneidung von Subjekt und Objekt in der Gestaltung vollziehen muss und die Ordnung, immer wieder Neuordnung innerhalb der Bildeinheit, die Orientierung von der Impression (französ. sensation) aus veranlasst wird.

So muss man zu der Dialektik gelangen, von uns aus gesehen und gedacht zum Letztbedingten, dass überhaupt die Schranke der Erkenntnis nur innerhalb die Einheit fällt, sie nicht in Frage zu stellen vermag, vielmehr die Einheit schon als «vordem» weiss und das Dasein ermöglicht.

3) Zum allgemeinen Verstehen, sowie der Vollständigkeit dieser disponierenden Gedankengänge wegen, füge ich hier als Zitate die Sätze ein, die die schaffende Einheit im Begriff des «Werden» (und die somit die Vorstellung ihm *einverleibt*) beweisen, durch den Satz vom Widerspruch, durch den wir als geistige Existenz überhaupt nur anerkannt werden. (Dieser Hegelsche Satz vom Widerspruch, ist einfacher als das ihm im Sinn ganz nahe Paradoxon Kierkegaards oder Karl Barths). Es sei vorerst gerade nur um das Bewusstsein über die Anfänge zu tun, als Abstraktion. So «macht das reine Sein den Anfang, weil es sowohl reiner Gedanke, als das unbestimmte einfache Unmittelbare ist, der erste Anfang, aber nichts Vermitteltes sein kann. Dieses reine Sein ist nun die reine Abstraktion, damit das absolut-negative, welches, gleichfalls unmittelbar genommen, das Nichts ist». «Das Nichts ist als dieses unmittelbare sich selbst-Gleiche, ebenso umgekehrt dasselbe, was das Sein ist. *Die Wahrheit des Seins, sowie des Nichts ist daher die Einheit beider, diese Einheit ist das Werden.*» Bis dahin sind diese reinen Begriffe ausser jeder Vorstellbarkeit. Nun aber ist der Trieb, in dem Sein oder im Nichts eine feste Bedeutung zu finden, die *Notwendigkeit* selber, welche das Sein und das Nichts weiterführt und ihnen eine wahre, das ist konkrete Bedeutung gibt; das Nachdenken, welches tiefere Bestimmung für sie findet, ist das logische Denken, durch welches sich solche, nur nicht auf eine zufällige sondern *notwendige* Weise hervorbringen. Jede folgende Bedeutung, die sie erhalten, ist darum nur als eine nähere Bestimmung und wahrere Definition des Absoluten anzusehen; eine solche ist dann nicht mehr eine leere Abstraktion wie Sein und Nichts, vielmehr ein *Konkretes, in dem Beide, Sein und Nichts, Momente sind.*» — «Werden ist der wahre Ausdruck des Resultates von Sein und Nichts, als die Einheit derselben; es ist nicht nur die Einheit des Seins und des Nichts, sondern ist die *Unruhe in sich*». (Als Beweis diene die Gegenüberstellung des Satzes: Aus nichts wird nichts; nur aus Etwas wird Etwas; worin tatsächlich das Werden aufgehoben wird). Mit dem Werden ist die Eröffnung der Vorstellungen durch die Einheit möglich. Und diese hier notdürftig aufgeführten Zitate, als nur abstrakte Fassung der Be-

griffe, die nur einen Anfang setzen mögen, müssen genügen die *Notwendigkeit* selbst in allen wahren Bestimmungen als primär wirksam aufrecht zu erhalten in den folgenden Ausführungen des «Réaliser» Cézannes in der Welt der Vorstellungen.

S. 81 4) Sie erinnern sich aus der Basler Ausstellung der drei Aquarelle des Mont Ste. Victoire. Das mittlere, vielleicht durch die Unterstützung der beiden andern das vollkommenste, blieb in den grössten Partien weisses «Papier». Da und dort einige, mit grösster Sicherheit im Gefühl für die Örtlichkeit gesetzte violette Fleckchen, links unten dichtere Ansammlung von blauen und gelben, Summe grün; blauen und roten, Summe violett; ganz wenig transparentes Blau in der Höhe... und das Weiss des Himmels ist Farbe und erhält die Dichtigkeit seiner Substanz, der Ste. Victoire die seine, u.s.f. Einmal ist die Weisse (des Papiers) Gegenstand selber, wieder das Licht selbst, wieder ein Ton sogar (und letzteres ist nur möglich in dem grossen Augenblick, wo die Summe der Farbigkeit der Ton ist; oder anders gesagt: indem der Ton sich aufspaltet, treten die einzelnen Farbigkeiten und Farben hervor in ihrer Trennung, als Aufzählung, als Zahl, als Teil mit der Aufgabe eines Momentes).

Also: Das Weisse ist schon die Einheit, in der die Vorstellungen Cézannes verhüllt sich regen; es ist die erste gewaltige Abstraktion (mit dem Format) die Einheit selber (nur noch nicht erkennbar). — Was Cézanne in das Weiss hinein setzt ist nicht was er gegenständlich geben will, es ist zunächst ein Entfalten der Einheit selbst, durch das «Negative» als ein Widerwalten. Der Gegenstand ist in der Passivität von der Einheit her und er bleibt es; so wie eine Gestalt Form sucht, indem die Materie in der Matrize sich als Positiv angleicht: Matrize, Matrix = das Mütterliche. Denn in der Welt als Vorstellung gibt es kein «Ding an sich». Der Gegenstand ist immer abhängig von der Bestimmung der Ordnung (als Qualität) in der er als Gebundener hervortreten *darf* in *seiner* Positivität; da an ihm, dem Ding, etwas geschieht, indem es durch die Vorstellung als Teil hervorgebracht wird. Das ist wohl der eigentliche Cézannsche Sinn des «réaliser» (verwirklichen, Wirklichkeit enthält das Signum der Einheit, sie ist nicht Realismus) — und das Glück, indem auch an uns vom Geiste her getan, verwirklicht wird. (Der umgekehrte Weg, der von den Gegenständen selbst ausgeht und sie hernach im Bildsinn einander angleichen will, wohl auch nach Werten gestuft, aber nicht als ein Hervortreten, sondern viel eher als ein Zurücktreten, endet nicht beim gleichen Ziel wie Cézanne, sondern bringt einen gewiss schönen harmonisierten Realismus fertig. (Etwa Schuch, Manet, — bei Renoir ist der Fall anders durch die Abstraktion der Farben, sein Rot der späten Bilder enthält ähnliche Funktionen wie Cézannes Blau).

Ich hoffe, dass in diesen Ausführungen der Zusammenhang mit den primitiven Bestimmungen rein erkenntnistheoretischer Art (ich selbst für mich muss sie durch Voraussetzung des Glaubenssatzes und des Dogmas, wirksam im «Paradoxon» Karl Barths und Kierkegaards, für das Dasein überhaupt als «das in der Zeit Geschaffene» in Anspruch nehmen; und die uns gestattete künstlerische Schöpfung als eine ferne Analogie zu ihm hinnehmen) im Abschnitt 3) ersichtlich werde.

5) Die Wirksamkeit des Widerspruchs (des Seins gegenüber dem Nichts und des Nichts gegenüber dem Sein) innerhalb der Einheit, die Unruhe (in der Nähe des biblischen *am* Anfang und *im* Anfang) die in der Entfaltung der Einheit diese immer wieder einbringt, merken wir zum Beispiel im Vergleich: Van Gogh ist ein Beschwörer des Plus, Cézanne ist sein Gestalter. Dieses Plus ist die Möglichkeit, das Sein durch das *Nichts* zur Einheit zu bringen.

Hier breche ich für heute ab, um bald die Ausführungen fortzusetzen.

Zürich, 13. Nov. 1936

Lieber H.J.

Ziehen Sie eilig aus dieser Wohnung, die nach Lysol und Sanitas riecht, weg. Nisten Sie sich in einem menschlichen «Miliö» ein mit Tapetenblumen, Leisten, Profilen, hiesigen Massen. Ohne Profil verlernen wir das Lachen. Aber man findet heute kaum mehr einen Kopf mit Profil. Ehedem war alles anders. Haben Sie sich jemals Homer, Aristoteles, Platon, Vergil, Luther, Goethe, Gotthelf im Profil vorgestellt? Ihre Physiognomie tritt uns in der Vorstellung immer en face, frontal entgegen, axial, statisch, ja mit der Sammlung auf der gewölbten Stirn, mit dem Stirnberg des Zeus, aus dem das Einhorn hervorbrach. —

S. 83 Ich müsste Christus immer frontal darstellen, wie die Byzantiner. Selbst Masaccio noch stellt das Christusantlitz frontal ins volle Licht, mitten unter der Menge der Köpfe der Menschen, die er dagegen der Variabilität des Profils zuwendet und in den Schattenfall stellt. Am demütigsten und entschiedensten stellt er sein Selbstbildnis ins klare Profil neben Christus in der Gruppe des Zinsgroschens. Christus ist frontal, die ewige Gegenwart, das Zeichen, dass er auf Erden geht und im Himmel ist. Die Zeit, die Bewegung ist das Profil der Ewigkeit. Der Mensch ist in der Zeit, Bewegung, also nicht am Ziel wie Christus am Ziel ist. Das Profil gibt unser Streben, unsre Sucht, die helle oder dunkle, die klare oder trübe Sucht.

So ist die grosse Wandlung zu verstehen, die Wandlung am Menschen, wie sie uns die Malerei allein noch aufzeigen kann, sie ist ihr verborgener Gegenstand; oder die Stellung des Menschen, ganz wörtlich; aber die Stellung worauf bezogen? Bei Giotto noch die frontale Stellung des Christus, selbst Heilige dürfen so stehen. Auch bei Masaccio, der zum allerersten Mal den Menschen als «isoliertes» eigengesetzliches Individuum unter das Gesetz stellt und Christus zu- oder entgegenstellt. (Damit geht auch die Eröffnung des Raumes, des unendlichen Raumes). Er hat die Konsequenz des Geistes gezogen, als er die Vertreibung aus dem Paradies malte, in ihrer ganzen Bedeutung. Bei Giottos Dornenkrönung treten die Menschengestalten, die Peiniger, noch als Vertreter der Menschheit, als Typen auf: der Böse zum Beispiel als der Böse ganz «an sich», so wie ein Mensch gar nicht böse sein kann, weil er immer noch Mensch ist. Aber diese einfachste Unterscheidung von menschlichen, individuellen Eigenschaften oder ihre Zuordnung an die vier Temperamente

genügte noch lange als nötige Erkenntnis vom Menschen unter der Erkenntnis, die der Menschheit galt. Aber diese schwand und zu nahm die Beachtung individueller Regungen, aus denen das Recht des «befreiten», eigengesetzlichen Menschen behauptet wurde (nichts anderes als der Anfang der Psychoanalyse). Das führte nicht zur Freiheit des Individuums, sondern zu dessen Absolutierung. Das ist auch nicht mehr der individuelle Mensch im Lichtkreis Jesu bei Masaccio. Der Mensch als Persönlichkeit versperrte sich durch sich *die* Person: Christus. Ein Fürst lässt sich als heiliger Georg darstellen zum Beispiel. Das Porträt tritt auf und die Sucht die Darstellung der Macht der Persönlichkeit. Und der erstmalige Präger[15] des Begriffes «Renaissance» für die bildende Kunst, (der französische Historiker Michelet verwendete ihn ca. 1850, allerdings für den reformatorischen Geist) kam zu dem traurigen Spruch, dass Macht das Böse sei, indes er die Macht, die dem Menschen gegeben ist, nur als Missbrauch dieser Macht erkannte und die Allmacht Gottes vergass, die auch Macht ist. Der Fortgang dieser Gedanken müsste zeigen, wie die wahre Freiheit dem Individuum offen stand, — wie die Gefahr wuchs, der der Mensch im Missbrauch der Macht erlag, usf.
Da sind jedoch Bildnisse, wahrhaft menschliche Bildnisse des Giorgione, des Lorenzo Lotto, jener wiederum «adventistischen» Platoniker einer All-Einheit, die den Lichtschein der Wahrheit, des Geistes als wahre Menschen auf dem Antlitz tragen, wie die grosse Hoffnung. Da ist das Werk Lionardos. — — —   S. 85
Aber heute sind wir so weit, dass die wahren Persönlichkeiten selten werden. Wie viele hervorragende Bildnisse gibt es aus der Zeit von 1750-1830, Bildnisse, Büsten, vor denen wir in Provinzmuseen stille stehen, vielleicht die sachliche Objektivität des Könnens des Künstlers beachten, etwas neidisch bemerken, aber eigentlich ergriffen werden von den dargestellten Menschen. Jene Köpfe von   S. 87
Houdon zum Beispiel und vieler Künstler, deren Name längst vergessen ist. Unwillkürlich rücken wir diese Köpfe ins Profil, um aus dem zerklüfteten, dem Schattenfall eines sogenannten «Charakterkopfes» die reine Linie, die nicht «an sich» ist, sondern sich ergibt als Profil, das wir «edel» nennen, zu finden und darin die Hoffnung für den Menschen erkennen. «Edel», das heisst mit Proportionen im Gewordenen, mit Beziehungen, die den Sinn im Einheitlichen finden, also nach grösseren Massen. Das braucht nicht die ausgewo-

---

[15] Wer war das wohl?

gene schöne Linie zu sein. Mag sie laufen wie sie muss, so ist sie Zeichen, Bezeichnung, eindeutig oder vieldeutig und somit wieder den Vergleich am Eindeutigen fordern, also deutlich (auf solche Art darf man das für die Malerei gefährliche Wort: Charakteristik nennen).
— Diese Profillinie hat nichts zu tun mit der gänzlichen inneren Entleerung der Konturzeichnung eines Picasso. Eher noch tritt ein Ahnen der Bedeutung des Profils und des en face bei Kokoschka auf, der oft im scheu nach vorn gewendeten Kopf die Profillinie hervorwachsen lässt, zum Zeichen des in die Zeit gestelltseins und einer grossen Sehnsucht.
Im Spiegel steht sich der Mensch en face gegenüber, gegenwärtig; im nächsten Augenblick, in der leisesten Wendung entgleitet er sich in die Möglichkeiten des Gewollten, so oder so, dem Profil entgegen. Im Profil können wir uns nicht sehen, im Profil werden wir gesehen, beurteilt. — —
Wenn ich nach diesem physiognomischen Exkurs zurückkehre — indes wir heute nur selten ein «edles» Profil entdecken können —, so ist die Ironie verständlich, die im volkstümlichen Ausdruck steckt, der das menschliche Antlitz ein «Zifferblatt» nennt, als Ausdruck dumpfer Notwendigkeit und der Ohnmacht, da niemand den Zeiger anhalten kann. Dieses Zifferblattangesicht, en face, ist das Symbol des Menschen ohne Bewusstsein des Menschen. — — —
Vielleicht gelingt mir einmal, diese Gedanken weiter auszudehnen im Hinblick auf das Problem Cézanne: die Profilierung in Selbstbildnissen, wenn sie individuelle Energien blosstragen. (Selbstbildnis mit niederem Hut und Fenster, Holzschnitt Würtenberger, und den Grecohaften Choquet). Während die Selbstbildnisse gegen das en face zu die Blosslegung des Willens zurücknehmen und der Kopf, das Gesicht Sammlung des Lichtes, Träger des Lichts werden, was noch befreiter zutrifft in der Darstellung anonymer Menschen wie der Frau mit der Kaffeekanne, einigen Bildnissen der Frau C., indem aber die Bewegungen im Raum, in den die statische Figur gestellt ist, Funktionen der Profilierung übernehmen und der Mensch uns auf ähnliche Art entsteht aus der Ganzheit, wie ich zuvor fragte, ob wir uns Homer jemals im Profil vorgestellt hätten, seine Physiognomie hingegen uns immer en face in dessen ganzer totaler Bedeutung entgegenkomme. Was dem Wesen der Vorstellung, die immer vom Ganzen abhängt, entspricht.
Was hat nun Ihre moderne Wohnung angerichtet? Mich zu dieser Profilierung verleitet. Aber auch das Briefeschreiben ist das Profi-

lieren der Gedanken. — Jetzt bleibt mir dennoch Ihnen zu antworten auf Ihren Schinnererbrief.
Nehmen Sie meine freundschaftlichen Grüsse, Ihr Ernst Gubler.

Weitere Äusserungen folgen bald.

Zürich, Dezember 1936

Lieber H.J.

Der äussere, mehr ornamentale Anlass zum letzten Brief ist nun bereits «historisch» geworden, möge trotzdem die Variation des Wortes: Profil ihre Selbständigkeit behalten.

Es bliebe mir noch, mich zu äussern über die beiden Schinnerer-Briefe[16]. Es geht mir wie Ihnen: meine Gefühle der Verehrung und der Dankbarkeit für Schinnerer mischen sich in alle Gedanken. Aber eine «Rechtfertigung» von uns aus darf deshalb nicht ausgeschlossen sein.

Ich glaube, der Ausstellungsbericht könnte von mir geschrieben sein. Er enthält alles was ich zum Werk Schinnerers gedacht hatte, auch verschwiegen hatte, denn somit anerkenne ich das Positive, das noch gross und wichtig genug ist, um junge Leute wie A. und M. mit der Nase davor zu stossen und zu sagen: Schaut, ein Mensch mit vielen, reichen Registern, ehrlich, demütig, beherrscht, aufgeschlossen; ein *Maler*, ganz ein Maler, aber noch dazu ein Mensch mit Charakter. Ich habe wiederholt Briefe geschrieben an Schinnerer, ohne sie abschicken zu können. Neulich wieder aus Anlass seines 60. Geburtstages. Ich hätte es wohl doch tun sollen. Wir werden über die Worte Realität-Wirklichkeit, über das «Réaliser» Cézannes mit einem Deutschen nie völlig uns verständigen, einigen können. Zwischen das mögliche Sein und das faktische Sein legte der Deutsche immer eine konfuse Logik, denn er kehrt den Sinn gerade um, nimmt das Faktum als Realismus (und das prinzipielle Mögliche ist schon die Türöffnung zum Ideerealismus oder Idee-realismus und nicht als geistige Tatsache, zieht aus ihm empirische Tatsachen und verfertigt daraus sogleich Tatsachen-Wahrheiten, Vernunftwahrheiten. Aber gibt es verschiedene Wahrheiten neben der einen Wahrheit? Der Grieche, der Deutsche als Grieche wird gerade in dieser Zeit wieder hervorgeholt (zum Beispiel in dem sehr guten Buch von Rehm). Aber die Sucht nach dem Absoluten des Griechen erscheint mir doch wie ein Käfig zu sein. Wir leben nicht für Mythologen. Diese Idee vom Absoluten, und etwas anderes als eine Idee kann es heute nicht sein, ist nur eine Absolution des Menschen, dass es einem schauerlich wird vor diesem vermessenen Götzen; ganz

---

[16] ich schrieb EG., welche Korrektur Schinnerer meinen Gouachen (also nicht den Schulzeichnungen) erteilt hatte; ferner einen Bericht über eine Schinnerer-Ausstellung in einer Münchner Galerie.

einfach gesagt: dieser Mensch drückt sich um das Bekenntnis herum. Homer brauchte es nicht, die Ilias war vor ihm da, die Ilias formte das Wort, wählte das Wort, das die Dichtung machte. Wir erfassen die «Natur» noch durch das Bekenntnis (so die grossen Entwicklungsromane des Abendlandes). Cézanne hatte nicht den überlieferten Stoff, darum fand er seine Aufgabe als einen geschichtlichen Auftrag, er musste anfangen bei den Dingen. Somit malte er keine Ideen (oder gab sie auf mit den Versuchen wie die Olympia, die Versuchung des Hl. Antonius, die zudem mehr Huldigungen, Adorationen waren). Erst von hier aus, aus dieser Aufgabe musste er sich die Mittel schaffen zur Verwirklichung. Ich glaube, wir sparen uns Ihren Brief für eine mündliche Aussprache.

Der rasche Einspruch Schinnerers gegen die Temperafarbe ärgerte mich und er ist kleinlich. Wir wissen schon was die Ansprüche der Oelfarbe sind, wir müssen ihr aber misstrauen, wenn nur ihre eigene Materialität (ihr Speck) «Realität» ergeben soll — und für die meisten Pinsler ergibt — so verzichten wir auf dieses Geschenk vorläufig und gehen den sauberen und uns erziehenden Weg, bis wir auch noch jenen Beitrag des schönen Materials hinnehmen dürfen, so wie nicht Marmor oder Granit die Plastik sind, sondern noch ein schönes Plus ergeben. (Dieses «Denken aus dem Material» schon als Sprache, die doch den Geist vertritt: eine Abscheulichkeit, ist Sache des Kunstgewerbes, des SWB, Werkbundes). Wir müssen den bedingten Charakter jeder Farbe bemerken und nicht machen wollen was die Farbe gar nicht machen kann. Aber diese Bedingtheiten als primäre Voraussetzung der Anschauung nehmen, wäre doch absurd. Von der Anschauung aus wird diese Bedingtheit durch eine ganz andere, wesentliche Modifikation vom Geiste her, in der Rationalität der Bild-Mittel der Malerei behoben oder in die Werkzeugkiste verwiesen, oder es wäre sonst ja überhaupt nicht möglich mit Farbe das Bild zu geben. Die Wertunterschiede von Bildern liegen doch immer noch in der geringern und grössern Vervollkommnung der Vorstellung (und nicht in Oel oder Ei oder Lack). Denken Sie an die «Bibliothek Nathanson» von Vuillard, die riecht doch nicht nach Leim! Natürlich wird Ihnen einmal die Oelfarbe neue Möglichkeiten bieten, aber sie sind vordem in Ihnen enthalten (nicht die Farbe und die Leinwand machen einen Tizian, sondern Tizian selber). Dann kommt sogar die Farbe (als Material) Ihnen entgegen, wenn die Vorstellung danach verlangt. — Ich habe sogar Ihrem Bilde Flusslandschaft mit den waagrecht geschwungenen

Ästen vor dem Himmel entgegengehalten, dass zum Beispiel am Stamm und stellenweise im Blätterwerk oben die Farbe als Vortrag schon etwas «realistisch» werde, was für mich die wahre Realität des Bildes gefährde. Ich könnte mir nicht denken alles übrige würde sich nach diesen nur an sich schönen Realismen richten, da wäre ja alles weg. Es bliebe ein überzeugender Baum usf., aber nicht mehr das Bild, oder die Grundkonzeption des Bildes müsste eine andere gewesen sein, die diese Realismen ertragen würde, aber dann sind es nicht mehr diese Realismen, sie wären Bildfunktionen wie andere Teile des Bildes. — Hierher passt eine Stelle eines Briefes meines Bruders, ich führe mit ihm und unserem Freund, dem jungen franz. Bildhauer Leroy in Nancy Gespräche gleichsam im Dreieck. Im Grunde geht es immer um das «réaliser». Leroy ist Lothringer, wir sind Schweizer (das deutet auf keine Rassentheorie hin, aber die Art des Denkens ist zum Glück wurzelhaft, und kann nur so den freien Geist ermöglichen, dessen Wirkung aber ist überall ähnlich) und wir sind Brüder und doch nicht dieselben, da kommt es oft zu letzten Unterscheidungen innerhalb der Begriffe, wo Andere längst nicht mehr unterscheiden. Wir stehn augenblicklich beim «sentiment abstrait»: — — — Du hattest mir über das Thema geschrieben vom Inhalt her, während ich nur bei der Forderung stehen blieb, dass es im Raume aufgefasst werden müsse. Diese Forderung ist vielleicht allzu einfach, *die ich mir aber selbst zu stellen immer nötig finde.* Ich erinnere mich jetzt daran, weil ich manchmal in eine Differenzierung gerate, von der ich hoffe, dass sie mehr Realität bringe, aber wohl doch nur unter der Forderung, dass sie im Raume sei; die Differenzierung im Raume kann ich mir nur als Gestalt vorstellen. — Das Thema ist schwierig und die Arbeit wird von den verschiedensten Seiten gespeist: der Impression, der Vorstellung, dem Studium, und doch bleibt immer das einfache, in der Darstellung vielfältige Thema.» — — —
Die Figur einfach zu isolieren ist zu simpel, so ergibt sich der Raum um sie von selber, aber traurig zufällig, er ist erzwungen, ganz allein, abstrakt um die Figur, ohne gerade diese zu schaffen (die Figur ist wie unter einer elektrisch geladenen Käseglocke, berühren ist tödlich). Zum Beispiel ein Selbstbildnis von Schinnerer, ausgestellt Sommer 1935: die Figur plastische Selbständigkeit, der Raum ebenfalls, durch eine ins Letzte gehende Motivierung durch Flächen und Richtungen; der Mann kann abtreten, der Raum bleibt ebenso vollkommen, oder selbständig. Die Farbigkeit spielt nur wie eine Melo-

die hindurch, die nur plastischen Formen hemmen den Auftrag der Farbigkeit, selbst wenn innerhalb der Gegenstände sehr schöne Lokalfarbe, Licht, Schatten und Reflexe sich entwickeln, so geben sich die Dinge nicht einander mittels der Farbe, die Gegenstandsgrenze (man darf nicht Form sagen) verbietet es. Die farbige Bewegung wird nur realistisch «richtig», wie Sie schreiben *komplementär* (das Bild erinnert an gute Giovanni Giacometti oder frühere Amiet).
Wir haben keine Scheu, die Körperwelt Rembrandts anzuerkennen, vielmehr noch uns ihrer gewaltigen Forderung an uns zu stellen. Aber ob die Danaë zum Beispiel einen Anfang bedeuten soll ist sehr zu bezweifeln, oder ob man mit dieser Zentralisation beginnen könne — vielmehr setzt eine solche Realisation die gewaltigste Abstraktionsfähigkeit eines Malers voraus, die eine solche Fülle von Realität tragen, aufnehmen kann, dass Bildabstraktion und Fülle (ich möchte fast sagen Realismus) nicht mehr trennbar sind: das ist Wirklichkeit. Ob die Tücher nur die Figur zurückhalten müssen ist fraglich. Jedenfalls ist das Licht, das Gold in diesem Bild ein Medium, das alles verwandelt und so vieler Träger bedarf, damit wir seiner Pracht gewahr werden; woran wollte es sein Wesen sonst dartun. Und rein formal kommen nun erst die Mittel wie Komplexe, Rhythmen, Dynamik etc. — Wo malte Cézanne im Alter seine Abstraktionen nackt? Wo werden wir ihrer habhaft im «Vallier II»[17]? in S. 93 der Alten mit dem Rosenkranz, in der Frau mit Cafetière? (Sind etwa die flächig zugestrichenen neuen Bilder von Schinnerer, von denen Sie berichteten, solche Abstraktionsversuche?)
Zieht sich die Farbigkeit (die ein Aufschliessen des Tons ist) wieder in den Ton zurück, so wird der einzelne Gegenstand andere Merkmale zu seiner Erhaltung geltend machen (denken Sie an den herrlichen Ausgleich von Farbe und Ton bei Chardin, im Cézanne-Stilleben bei Oskar Reinhardt, zum Beispiel Manets «Pfeifer» im Louvre: S. 95 S. 97 völlig selbständige Figur. Der Boden ist kaum gehalten durch den rauchigen Schatten. Der Hintergrund räumlich nicht fixiert. Keine Lichtführung; nur Modellation, diese nicht gleichmässig behandelt, stark in Kopf und Händen, auf dem weissen Band kaum berücksichtigt. Im Rot der Hosen fast nur zwei Stufen, dafür Faltenform als plastischer Verlauf. — Aber es scheint mir, alle Zwischentöne seien im Mass, in der Quantität im diffusen Hintergrund enthalten, auf dessen Bezug die Lokalfarbflecken Bestand haben. Eine Auseinan-

---

[17] Porträt des Gärtners Vallier, ca. 1905 gemalt.

derlegung der Mittel, ihre Fügung in unserm Auge; warum unduldsam sein? Und nicht überall wieder das Ganze sehen?)
Ich glaube, dass Ihnen die Abschrift folgender Sätze, die die verworrenen Meinungen über die Nachahmung der Natur betreffen, gelegen kommen: (Naturnachahmen im Sinne: so arbeiten, wie die Natur schafft. — natura naturans: die werdende Natur. natura naturata: gewordene Natur).

S.99 Nun nehmen wir Schinnerers gute Werke: zum Beispiel die Barke,
S.101 das Haus am Fluss, die Winterlandschaft (alle Staatsgalerie), die grossen Badenden (ca. 1921) und manche andere. Konrad Weiss schrieb einst, Schinnerer stehe vor der grossen Türe, die er mit aller Kraft öffne, noch sei es ihm nicht völlig gelungen. Aber dennoch: welch ein Zeugnis für diesen Menschen.

Mit freundschaftlichen Grüssen Ihr Ernst Gubler

N.B. Sie schreiben, die Arbeit gehe schlecht. Zwingen Sie sich nicht, Sie sind so weit, dass Gewolltes ohne die weiteren Bezüge nur hemmt, das begreife ich gut. Zeichnen Sie ganz aus der Impression, daraus finden Sie wieder eine sichtbare weitere Aufgabe gegen das Formale hin.

— — — «Alle klassische Kunst der dichterischen Gestaltung besteht in der Beschränkung und im Auslassen. Im Verhältnis zu dem, was gegeben wird, ist das Ausgelassene unendlich. Und ungefähr alles kann ausgelassen werden, nur eines nicht: das Ganze, die Totalität; dies ist der Sinn des oft so schmählich missverstandenen, so philiströs und feige erläuterten aristotelischen Satzes, dass der Dichter die Natur nachahmen solle. Gemeint aber ist die Natura naturans und nicht die Natura naturata. Die natura naturans lässt eines nicht aus: das Ganze! In einem Steine noch ist die Ganzheit der unbelebten Materie, in einem Blatt noch die Ganzheit der Pflanze, in einem Wurm noch die Ganzheit des Tieres, in einem einzigen Menschen noch die Ganzheit der Schöpfung überhaupt, Stein und Pflanze und Tier und Geist, hinwiederum ist auch in einem Stein, in einem Blatt, in einem Wurm, in einem Menschen der ganze Schöpfer als Schöpfer und nicht nur der halbe. In diesem doppelten Sinne soll der Künstler die Natur nachahmen.» — — —

Theodor Haecker: Vergil

Poststempel 28.4.1937

Lieber H.J.

Zu den Antiquariats-Katalogen:

Einige der Kat. kannte ich, trotzdem las ich alle wieder durch, aber um die wirklich schönen Sachen zu fischen müsste man Geld haben — und zudem möchte ich nicht Bibliothekar werden. So gab bei meiner Wahl oder Empfehlung immer der Preis den Ausschlag. Wenn Sie für mich die folgenden Bücher auftreiben können:

Katalog Werner:	
Hildebrand-Briefe an Fiedler	2.95
Leibl-Biographie von Mayr	5.50
Menzel von Karl Scheffler	3.50
Th. Fischer: Gegenwartsfragen künstlerischer Kultur	—.50

Bei Werner bitte ich Sie noch anzusehen: Carus: «Briefe über Landschaftsmalerei». Das ist der Goethe-Carus, Arzt und Maler, Oskar Reinhardt hat eine herrliche kleine Winterlandschaft von ihm.

Christoffel: Romantiker-Zeichnungen	
Runge-Schwind	2.20
Karl Schuch!!	9.—
Katalog Karl & Faber:	
Greco von A.L. Mayer	1.—
Leibl von Mayr (Biographie)	2.50
billiger als bei Werner	
Liebermann, Ausstellung Akademie, Kat.	1.—
Lautrec von H. Esswein	1.80
Trübner von Waldmann	1.—
erst anschauen: Wolff: Menzel-Zeichnungen	4.—
Runge-Bücher	
Holländ. Malerei von Roh, Diederichs	2.95
Katalog Passage-Buchhandlung, C. Weid:	
Carus: Von der Natur der Dinge	1.—
Katalog Koch, Theatinerstrasse:	
Adolf Hildebrand von Heilmeier	3.95
Schinnerer: Aktzeichnungen	

Die Auswahl ist spröde, beim Verzicht auf viele wissenschaftliche Werke, die den Wert im Text haben. Zudem kosten Sie das Glück der Stunde aus, da Sie einem Buch unvermutet begegnen. So möchte ich Ihnen aus der *Taschenausgabe Kröner* nichts empfehlen, so herrlich diese Ausgabe ist und ich eine Reihe dieser Bücher besitze. Da entscheidet Ihre Person nach Ihrem geheimen Bedürfnis. Ich denke an die beinahe Schicksalsmomente, wo im Leben ein Buch, ein Aufsatz mir begegnete, der ganz entscheidend auf mich wirkte und kam wie zur nötigen Stunde. Immerhin ist die Jacob Burckhardt-Ausgabe sehr vorzüglich und die Einleitungen und der Annex immer gut. Fast nicht auszukommen ist für den Laien ohne das *Philosophische Wörterbuch von Schmidt*. Da schlagen Sie nach bei der Lektüre eines Buches zum Beispiel *Substanz* — und finden bei Schmidt die zuverlässige Anmerkung über den Substanzbegriff bei Aristoteles bis Leibniz usf. Oder es ist schön im Schmidt zu lesen. Eine Definition des Substanzbegriffes bei Leibniz kann unser Denken, Weiterdenken zu Rembrandt führen.

Auf den Herrn Nietzsche können wir verzichten.

Einen Wunsch hätte ich noch: einmal den vergriffenen Band zu finden: *Walter Pater* (oder Patter englisch): «*Griechische Studien*», Diederichs-Verlag. Otto Meyer-Amden fand das Buch noch, aber sehr teuer. Pater war Philologe und Liebhaber. Das Buch bekommt man wohl noch französisch. Aber die deutsche Ausgabe ist sprachlich so herrlich und darin liegt für uns der Genuss. Ein Vorfahre dieses Pater war der einzige Schüler (und ordentliche Maler) von Watteau. Der Bonnard von Léon Werth kostet hier 7.70 Fr. (die erste Auflage, die schönere in der Auswahl ist selten erhältlich). Wenn Sie im Sommer nach Paris fahren, so finden Sie das Buch dort ebenfalls billig, obwohl Paris mit jeder Woche teurer wird auf die Ausstellung hin und infolge der Wirtschaftslage.

In Winterthur ist ein Teil der Sammlung Hahnloser ausgestellt: 4 Van Gogh, 4 Cézanne, 12 Renoir, Bonnards, Vuillards, Vallotton, Puy, Manguin, Monet und einige andere, alles sehr schön, als der Ausdruck eines Sammlers, dessen Persönlichkeit sich in diesem Spiegel zeigt. Oskar Reinhardt sammelt dagegen museal.

Im Weiteren wissen Sie ja, was mich interessieren würde und ich gebe Ihnen gerne die Befugnis für mich ein Buch zu kaufen, das Sie zufällig finden und für wertvoll halten.

Die Schule hat begonnen, ich habe über 100 Schüler und gehe fast kaputt. Alles fängt von vorne an und buchstäblich im Nichts, oder

man muss noch Vorhandenes an falscher Schulung oder Einbildung zuerst abtragen. — Ich arbeite dennoch und versuche meine persönlichen Angelegenheiten durchzuhalten.
Ich hoffe, dass Sie recht in die Studienarbeit hineingewachsen sind.

Meine besten Grüsse. Ihr Ernst Gubler

Zürich, 7.6.37

Lieber H.J.

Brief und Karte erhalten, ich danke für Ihre Bemühungen. Folgende Bücher, die Sie im Briefe aufführen, habe ich seit meiner «Jugend» her: Also den
Simmel: Philosophie der Kunst (übrigens nicht so gut wie der Simmelsche Rembrandt)
Corot Briefe (das rote Büchlein)
Meier-Gräfe: Die doppelte Kurve (davon haben wir Jungen — damals — den Elan bezogen)
Westheim: Kunst als Vorstellung
Hagen: Grünewald
Brinckmann: Spätwerke
Auf den Schuch muss ich verzichten, obwohl ich ihn schätze.
Aus den Atlanten der Kunst würde mich noch der altfranzös. Band mit den Clouets und Fouquets interessieren und den Konrad Witz-ähnlichen Bildern (denn ob Witz dort verschollen ist, weiss man nicht. Sein Vater aber war Hofmaler dort in Mittelfrankreich).
Ihr Leseeifer ist ja schön. Wenn Sie von Thomas von Aquin das Vorwort von Jos. Bernhard einmal begreiffen, so haben Sie viel. Dieses Vorwort ist so meisterhaft in der Erläuterung und Zusammenfassung der Thomistischen Philosophie, aber die Voraussetzung ist und bleibt das Dogma, also als Philosophie die Richtungsänderung von der Theologie aus. Auch im zweiten Bande der «Summe» hat Bernhard ein hervorragendes Nachwort. Thomas ist seit zwei Jahren mein eigentliches Studium. Ich habe Thomas und Jos. Bernhard benutzt, um im Kapitel in einem Aufsatz, der mir aber wie ein Berg anwächst (ich bin bei Seite 80), um die Erkenntnislehre bis zum Begriff und der Abstraktion zu führen und die Goethische Phänomenologie Form- Gestalt- Typus, Urphänomen zu untermauern und die Hegelsche Dialektik in die theologische Art: der Differenz des Geistes überzuführen und zur Kreaturierung zu gelangen. Sie merken ja schon, dass ich vielleicht einst doch beim Cézannekapitel anlangen werde.
Forcieren Sie jetzt neben der Studienarbeit nicht die philosophischen Studien, für diese fällt schon der Moment im Leben. Wenn Sie glauben, dass Sie zu rasch im Abstrakten enden, so täuschen Sie sich darin, dass in der Erkenntnislehre Hegels sowie der des Thomas oder eines Anderen, gerade anfangs es sich um nichts handelt als um

Abstrakta. Sein und Nichts als Ausgang der Logik sind zunächst jeder Vorstellung entzogen und sind ebenso volle wie völlig leere Begriffe usf. Eine schwere Zumutung an das Denken des Menschen, der alles durch das Sichtbare weiss, dass das Unsichtbare den Primat hat. — — —
Einführungen ins Studium der Philosophie gibt es schon, zum Beispiel eine neuere gute von Dessoir (Dessauer, Berlin), aber ich würde eine solche Darstellung von Allem und Jedem meiden und viel lieber mich leidenschaftlich einer Lehre verschreiben, eben der, die einem auf den Leib wächst und dann kommt die Entwicklung durch Vergleich, die Wandlung, der Ausbau. So versuchte ich die Thomistische Lehre nur soweit zu führen als sie den Aristoteles mitnimmt und den Augustin enthält. Sie werden bis Hegel immer wieder die selben Sätze bei allen lesen, aber Begriffe werden aufgelöst, die Platonische «Teilhabe» zum Beispiel ist in der Übergreifung der Seele ersetzt oder geöffnet. Ich müsste sogar in der «natürlichen Ordnung» Calvin zu Hilfe nehmen, um der «natürlichen Offenbarung», die bei Thomas noch etwas beiträgt, entgegen zu wirken. Dabei folge ich oft selbst nur Ahnungen. Aber eben diese zu festigen durch das Denken ist unsere Freude und für uns von Nutzen bei der Arbeit und ein Erlebnis und nicht Begriffsmathematik. Da ist als «Einführung» ein Buch über den «jungen Hegel» von Dilthey fruchtbarer zu lesen. Aber das leihen Sie sich später von mir. Es ist teuer und vielleicht geht Ihr Weg auf andern Stationen zum selben Ziel. —
Max Raphaels «Von Monet zu Picasso» ist unnötig affektiert geschrieben, aber gescheit und gut. Aber R. ist überhaupt nur noch ein Gehirn. Er hat sich völlig verloren und ich glaube, dass sein Marx-Prudhon-Picasso nicht nur eine Anwendung der soziologischen Methode ist, sondern dass Raphael sich völlig dorthin verirrt hat. Welch ein weiter Weg von der Summe, die er in Poussin fand und seinem glühenden Aufsatz über Meister Eckart, den Mystiker. Ich sah R. neulich, er ist wieder in Davos.
Was Sie zu Schefflers «Gotik» sagen stimmt gut. Da lesen Sie die erste schwere, auch unnötig manierierte Seite bei Konrad Weiss: «Das heutige Problem der Gotik» oder überall, zum Beispiel die Stelle zu Van Gogh oder Rembrandt in «Carl Caspar» von K.W., so gehen andere Tore auf, oder Blickrichtungen in Sinngründe.
Leider ist Brinckmann auch im Stil und Gerede von einem vergleichenden Damenkolleg geschrieben und das gute Material ver-

schleudert.
Dass Sie in der Schule Köpfe zeichnen freut mich. Ich habe drei kleine Figuren in Arbeit, soweit läuft mir die Sache leicht — — — bis der Moment kommt, wo mehr hin muss wie immer. Aber ich glaube doch, dass Einiges wird, obschon ich von einem neulichen Atelierbesucher deprimiert ward, er fand eine kleine Figur über alles schön, aber das war doch gar nicht möglich in dem Zwei-Sekundenblick, ich weiss doch meine Figur auswendig von der Entwicklung der Formen und Formenzusammenhänge her und brauche, von der andern Seite kommend, von der Betrachtung, oft eine glückliche Stunde, um zu schauen. Was will man denn schon, wenn man die schönen Details nicht könnte so selbstverständlich; aber die Leute fügen solche Details zusammen und wenn sie passen, so — — ist die Figur noch lange nicht da.

Nehmen Sie meine besten Grüsse Ihr Ernst Gubler

Den *Ziegler*[18] in der *B.I.* sah ich. Ist dieser schlimmste «Giorgione» deutsch? Wenn das deutsch ist, dann sind es die echten Deutschen Barlach, Nolde, Caspar, Schinnerer allerdings nicht mehr.
Jetzt hätte ich den Fromentin[19] (das tönt wie fromage...) bald wieder vergessen. Wenn Sie ihn schon gekauft haben ist es auch recht, und sonst wenn er ins Budget geht.
Ja, auf der Fraunhoferbrücke sind die mittleren maillolisierenden Plastiken von Stangl und Kölle sehr saubere Dekorationsarbeit. Aber der «Vater Rhein»[20] auf der Zweibrücken- oder Kohleninsel!!

[18] Ein Triptychon von Adolf Ziegler, mit vier Frauenakten (die Jahreszeiten symbolisierend). Z. war eben Professor an der Akademie geworden, war Präsident der Reichskunstkammer, ein politisch einflussreicher Mann. Sein Werk war im Deutschen Palais an der Pariser «Expo» 1937 ausgestellt. In der «Berliner Illustrirten» abgebildet.

[19] Fromentins Buch «Die Alten Meister»

[20] Der «Vater Rhein»-Brunnen von Adolf v. Hildebrand, beim Deutschen Museum.

Ohne Datum, wohl Spätsommer 1937

Lieber H.J.

Wenn ich auf Ihren vorletzten Brief nicht besonders antwortete, so nehmen Sie das nicht als Interesselosigkeit. Ich habe so viele Vorsätze aber oft abgelaufene Absätze ... Ich ergötzte mich zu sehen mit welchem Schwimmermut Sie in die Philosophie stürzen grad wo es sich gibt und es war denn auch meine Absicht fröhlich Ihnen zuzugucken..., im gegebenen Fall könnte ich Ihnen immer noch den Spazierstock entgegenstrecken zur Rettung. Ich glaube schon einmal geschrieben zu haben, dass ich Sie nicht um das Glück der Irrungen selbst und das Glück des Findens bringen darf, also um das harte, saure und süsse Erlebnis am eigenen Leibe, das die Spuren zurücklässt. — Nun ob Sie gleich die vielgelesene Ethik des Spinoza zur Eröffnung wählen sollen, ist fraglich; eine Ethik ist schon eine Ableitung. Und sie braucht mit Bewaffnung genommen zu werden und Kritik, aber der Standort zur Kritik ist noch nicht vorhanden. Die gebräuchliche Gruppierung innerhalb der Metaphysik: Logik, Ethik, Aesthetik — ist ja nur hypothetisch gegeben von der metaphysischen Geschichtsauffassung her, von wo aus der Mensch keine Existenzielle Selbstheit hat, sondern funktionales Wesen ist. Jetzt müsste ich zu dozieren beginnen. Ich will nur andeuten, wie es mir selber erging. Ich begann systematisch mit Hegels Logik, war begeistert, es strömte von Platons Ideenlehre vieles her. Das Metaphysische Gebäude begann zu stehen, aber ich hörte den Holzwurm nagen. Ich konnte nicht zu einem Pantheismus getrieben werden, auch nicht zu dem verführerischen Goethes, dessen Resignation doch vor der Vergänglichkeit aller natürlichen Kreationen oder Individuationen steht und daraus ein bloss aesthetisches Gleichnis machen kann. Von Kierkegaards Paradoxon, dem Begriff der Existenz her erhielt die reine Metaphysik der Ideenwelt den Einbruch. Die auf Kierkegaard sich gründende Existentialphilosophie, die Heidegger und Husserl (Jaspers) wieder zu einer Ontologie verleitete, führte mich soweit mit Thomas von Aquin zu beginnen, in dem ja schon der ganze Aristoteles steckt; und die katholische Philosophie (Maritain, Claudel, Haecker, Hello) und Theologie, die sich zum Denken der Metaphysik bedienen muss, bereitete mich auf den Glückstag vor wo ich durch meinen Bruder und Leroy auf den Philosophen von Aix stiess: Maurice Blondel «L'Action», «L'Etre et les êtres, vers un réalisme integral».

Meinen Hass gegen den Denkpoeten des Parnasses, Valéry, vermag ich erst jetzt nach Jahren zu begründen und ich bin froh, nicht erlegen zu sein.

Lesen Sie doch das Vorwort zu Thomas von Aquin von Jos. Bernhard zu «Summe I», eine vollendete Zusammenfassung thomistischer Philosophie. Ich werde also mich besinnen was ich Ihnen weiter empfehlen soll.

Es wird vielleicht einmal interessant sein, Spinoza mit Rembrandt und weiter diesen mit Calvin in Zusammenhang bringen zu können. Aber lassen Sie sich diese Bindungen zufallen auf dem Wege des Lebens.

Die kleine beiliegende Schrift [21] vermag Ihnen in ihrer durchaus saubern Art und bei letzter Leichtfassbarkeit des Ausdrucks vielleicht einen Standort zu bereiten, von wo Sie einen Überblick gewinnen, auch auf jenes, was Ihnen erst begegnen wird. Und Sie müssen bedacht sein, dass Sie nicht Philosoph sein wollen, sondern Maler, dabei bestehen doch Unterschiede «schöpferischer» Art, zwischen Subjekt und Objekt, zwischen subjekthaftem Objekt und objekthaftem Subjekt. Nur dort, wo eine Hilfe für die Malerei durch die Klarheit der Erkenntnisse und des Denkvermögens, das den Bildbeziehungen durch die Bildmittel entspricht, resultiert, ist Philosophie für uns bedeutend.

---

[21] Nikolai Berdiaeff: Die menschliche Persönlichkeit und die überpersönlichen Werte

Zürich, 27. Mai 37

Lieber H.J.

Ihre Registraturen der Pinakothek[22] sind interessant, schon von der Methode her, insofern diese keine Gefahr birgt, weil sie synergisch ist und bei aller Akzentverschiebung auf die verschiedenen Elemente, für uns Ton - Farbe - Form, der Harmonie angehört. Sonst könnte man auch Mechaniker werden in der vermeintlichen Nutzanwendung im eigenen Schaffen, das wieder primäre Voraussetzungen hat vom Erkennenden her, aber um die Malerei zu erfüllen, des Wissens um die Mittel, die Möglichkeiten der Mittel bedarf. Selbst Marées' Idee hielt sich oft in ontologischen Gefilden, und an der Grenze seiner Mittel begann sein tragischer Kampf; — wo bei Poussin wie durch eine Sinnwendung die Freude sich auftat. — —
Die Verlegung des Augenpunktes[23] in «Mars und Venus» von Tintoretto überlasse ich Ihnen zu deuten. Ich werde zu Lehrzwecken am klassischen Prinzip festhalten, zur Modifikation der Dinge im Raume. Das klassische Prinzip hat immer noch die grössten Möglichkeiten nach der Seite der Realisation. Es ist ein Prinzip des Denkens, dass das Niedere vom Höhern her erklärt wird und nicht umgekehrt, das Komplizierte durch das Einfache und nicht umgekehrt. Die Delectation Poussins hat mehr Bestand als der dynamische Exzenter des Barock.
Ohne Hypothesen aufstellen zu wollen könnte man die Augenpunkt-Verschiebung ausserhalb des Bildes bei T. untersuchen: vielleicht hatte das Bild an der selben gegliederten Wand ein Gegenstück; um nicht gezwungen zu sein vor jedem Bild sich hinzustellen und dadurch den Sinn der ganzen Wand sowie den des architektonischen Raumes, also die Einheit, die bis ins Bild reicht, zu verlieren, haben vielleicht zwei Bilder einen sich angenäherten

S. 105

---

[22] ich brachte *Wochen* (statt in der Aka beim Zeichnen) in der Pinakothek, der Staatsgalerie zu, wo ich in Schüler-Schreibhefte jedes Bild kurz beschrieb, z.T. auch skizzierte. So entdeckte ich etwa den Schlachtenbilder-Zyklus von Tintoretto, der in der «oberen» Etage, d.h. über den «besseren» Bildern hing, der aber als Malerei und kompositionell höchst eigenartig ist. — Diese Blitz-Notizen pflegte ich noch auf einer einwöchigen Reise nch Berlin und Dresden (im Sommer 1937), aber die EXPO (Weltausstellung in Paris, Herbst 1937) war durch die Überfülle der Eindrücke derart überwältigend, dass das mechanische Notieren unterblieb.
[23] Der perspektivische Fluchtpunkt des Bildes (an den Bodenfliesen abzuleiten) liegt *ausserhalb* des rechten Bildrandes, also nicht im Bilde selbst, wie üblich. Er liegt auch *oberhalb* des oberen Bildrandes.

Augenpunkt (der nicht einmal in einem Punkt ganz zusammenfallen muss), aber sicher in einer Betonung dekorativer tektonischer Gliederung (etwa Pilasterornamentik) enthalten sein muss. Dadurch ist eine Wand mit mehreren Bildern als Ganzes überblickbar.
— Nun aber haben wir es mit dem in sich geschlossenen einzelnen Bilde zu tun, das keine weitere Beziehung ausserhalb seines Bildganzen bedarf, um trotzdem mit dem bedingten Bildausschnitt den sphärischen Raum ganz zu besitzen und zu halten. Aber ich habe den Eindruck, wie wenn mit dem dynamischen Exzenter (durch den ausserhalb liegenden Augenpunkt) eine Dehnung, eine Schwingung erzeugt würde, ein Versuch, das zeitlich-räumliche oder das Zeitliche im Räumlichen beinahe auseinander zu ziehen, dem inhaltlichen Stoff gemäss, um das Zusammenfallen der Handlung Jupiter-Venus und des Tuns des Mars (in seiner etwas fatalen Lage für einen Gott) stärker zu erreichen. Die Aktion des Bildes erhält auch die gesamträumliche Dynamik einer Drehbühne; ein barockes Element. Wie zum Beispiel sind die Verläufe, die immer wieder unser Auge zu Jupiter und Venus lenken; bald sind wir Mars, der guckt, bald überblicken wir wieder die Gesamtsituation. Welche Funktion erfüllt nur der verräterische Spiegel an der Wand! (ich beschreibe das Bild aus dem Gedächtnis). Die räumliche Motivierung wird ja auch bei Velasquez zweimal durch den Spiegel[24] prachtvoll erfüllt. Und in kühnen Raumgebilden (wenn auch nicht so sinnhaft inhaltlich wie bei V. und T.) bei Bonnard, wo manchmal die tiefere Räumlichkeit im Spiegel liegt, und dadurch wie eine unheimliche Jenseitigkeit anmutet, diese Wendung des Konvexen ins Konkave kann auch metaphysisch erklärt werden — — — man nannte schon Bonnard den Portier des Surrealismus. —
Nun eilen ja die Wochen dahin, sodass Sie bremsen möchten.
Ich habe soviel Eisen im Feuer, dass ich zuwenig Hände und zuwenig Zeit habe. Aber ich hoffe, dass das Reich der Ordnungen ein wenig sein Licht in das Leben wirft, in dem die Kunst ja nur eine Kategorie ist neben andern.
Nehmen Sie meine freundschaftlichen Grüsse
Ihr Ernst Gubler

---

[24] In den «Meninas», wo das «vor» dem Bild stehende Königspaar nur im Spiegel der Rückwand sichtbar wird.

Zürich, 2. Juli 1937 (Postkarte)

Lieber H..J.

Ich danke für den Inhalt Ihres Briefes. Wir haben zur selben Zeit am gleichen Thema oder Prinzip herumgekaut. Ich sitze so tief in meinem Aufsatz, dass ich fast drauf gehe, alles überhäuft und überwirft mich, dann habe ich die Sprache nicht. Ich skizziere das Kapitel über Raum- und Zeitdenken. In der Mitte steht der Goldgrund. Aber vor ihm ist noch die ganze Welt der Götter, der Mythen der Seele der Griechen. Ich stosse überall auf, und die Verbindungen sind so reich, dass ich eine Darstellung im Nacheinander, als Entwicklung des Themas nicht finde, alles mündet ins Zentrum. Dabei habe ich ein schlechtes Gewissen, weil die Plastik im Letten wartet. Ihre Bemerkungen zu «St. Julian»[25] sind prachtvoll und sehr richtig. Auch die «absolute» Räumlichkeit des Barock bei Tintoretto, wo Räume in Räume stürzen, ich habe fast die selben Worte gefunden. Aber der barocke Absolutismus ist wie eine Umstülpung des absoluten Raumes. Das ist nicht möglich nach der Fleischwerdung des Logos, in Christus, dass Jenseits und Diesseits eingehen, dass absoluter Raum sei, Zeit ist nur durch Anfang und Ende, aber Ziel der Zeit ist Ewigkeit. Wie Sein und Zeit sich zueinander verhalten, geschaffen aus dem Nichts in der Zeit, aber das Ende der Zeit ist nicht das Nichts, sondern ewiges Sein. So wird Zeit Zeitsinn wie die *Raumdiagonale* (Tintoretto). Zeitsinn ist «Dimension», gleichsam die eigene Ausweitung der Enklave in der Zeit bis der leere Begriff des absoluten Raumes gefüllt ist, und zwar nach dem Prinzip das sagt: Alles Niedere ist nur aus dem Höheren erklärlich und niemals umgekehrt. Dieses Tintoretto-Barock ist eine mathematische Theologie wie sie bei Pythagoras zuerst angedeutet wurde, der die überirdischen Erkenntnisse «zahlhaft» nannte, die Erfahrung vom Himmel her.

Denn es geht um das Individuum (das nicht existierte als der Mensch das Mass der Dinge war. Mit diesem Satz wird heute Unfug getrieben, das Mass gibt der abstrakte Mensch ab). Zwischen sinnlicher und überirdischer Erkenntnis liegt das Denken. Hier scheiden sich, oder wenden sich die Welt des absoluten Raumes, des Begriffs und die Welt der *Gestalt*, des Bildes; der Mensch als imago dei. — Bald einmal mehr. Über Paris nächstens, wenn mein Bruder da ist. Vielleicht gehe ich in der vierten Ferienwoche nach Paris; ich werde Sie verständigen. [25] Was mit dem «St. Julian» gemeint war, weiss ich nicht mehr...

Zürich, 9. Sept. 1937

Lieber H.J.

Ich werde nach Möglichkeit zu den bestimmten Zeiten je Samstags im Atelier[26] anwesend sein. Die Bücher im Tonfass habe ich gehoben, ebenso die Briefe gefunden, in aller Ordnung. Ich danke Ihnen für die Besorgungen.

Von Dagobert Frey kenne ich nichts, ausser den Namen «im Tempel des Gehörs». Das Zitat über die Raumerfassung, mit der Trennung in simultane und sukzessive Wahrnehmungen, verrät die beliebten Methoden, die der idealistischen Philosophie, oder der Metaphysik verpflichtet sind, dem polaren Denken. Die Simultaneität ist doch ein zeitliches Moment; das Nebeneinander der Dinge und ihre Gleichzeitigkeit ein räumliches; Zeit und Raum müssten in der Simultaneität eine Identität eingehen. Das ist ein ontologischer Zustand, den die Dinge an sich erreichen können (die Idyllen Böcklins) (vergl. S. 60). Damit sind wir über das wahre Bild hinaus, die Leinwand ist wieder weiss, der Mensch in ihr «eingegangen» — zum Glück hat der Mensch als Ding an sich keine Bedeutung, nur als Wesen vom Wesen des Menschen, also nicht ontologisch sondern existentiell. Wenn Zeit und Raum identisch würden, müsste die Zeit erfüllt sein. Der lebende Mensch aber steht in der Zeit, er hat keine Vorstellung von dieser Identität, auch wenn er die Uhr anhält. Die Interventionen des Nichts fallen grausam dazwischen: das Herz schlägt:
un, un, un, un, un, un, un, un,
pan (rien) pan (rien) pan (rien) pan (rien)
(Claudel)
Das ist keine Sukzession. Man kann nicht im Sukzessiven denken, ausser in Verbundenheit. (Auf dieser Sukzession beruht der Fortschrittsgedanke, da die Zeit läuft, tritt er an Ort). Sukzessiver *Wahrnehmungs*vorgang ist nicht gleich dem Zusammenschauen der Dinge, dieses nicht räumlich-zeitliche Simultaneität. Sie können nicht zwei *Wahrnehmungen* nebeneinander festhalten als Wahrnehmung; da sind Sie in der Folge weiter:

Wahrnehmung — *Bewusstsein* — Abstraktion

Ein «Fortschreiten der Apperzeption von einer Vorstellungseinheit zur andern» kann nur so verstanden werden, wenn es im Bilde Sinn

---

[26] Nach meiner Heimkehr aus München

haben soll, dass sich eine «Vorstellungseinheit» konzentrisch ausdehnt, das «Zeit»liche Nebeneinander ist in ihrem Bereich, die Räumlichkeit ist zugegen gerade durch die Zeitlichkeit, denn der absolute Raum entgeht der Vorstellung, oder sie wäre in ihr beendet, die Uhr bleibt stehen, die Sterne sind arretiert, die Bewegung ist zurückgenommen, der Mensch verwandelt die Welt der Tiefe in eine Welt der reinen Grösse, der Zahl, dieser Mensch wäre nicht mehr Mensch, sondern ein Götze. Die Einheit der Apperzeption ist das Ich (Kants), das absolute Ich (Fichtes, aber in seiner Moralphilosophie), aus ihm machten die Romantiker durch ihren Trick das aesthetische oder schöpferische Ich, in der Auflösung der Dinge, der Vergeistigung der Materie und der Materialisierung des Geistes. —
Ihr vorangehender Satz: «räumliche und zeitliche Vorstellung in der Synthese zu finden», ist aufschlussreicher als das Zitat. Zeit*denken* und Raum*denken* kommen nicht zur Synthese (nur wissenschaftlich), aber nicht in der Welt der Vorstellung, dem physiognomischen Weltbild (Goethes) weil Zeit und Ewigkeit nicht Korrelate sind sondern ineinanderstehen. Damit ist ein für allemal die beliebte und vermessene Analogie von der Genesis, der göttlichen Schöpfung und der Schöpfung aus menschlichem Geist vernichtet. Damit ist aber die Realität, der Sinn der Realität in der natürlichen Ordnung ein anderer, der Möglichkeit der realen Erfüllbarkeit der Wesenheiten übergebener. Die Intuition, die metaphysische Gewissheit ist nicht die Gewissheit der unerklärbaren und undefinierbaren Existenz. In einem Brief Marées' steht der Satz: «Das einzige Mittel das zu leisten, was ich leisten muss, liegt im Selbstvergessen, — — *wozu allerdings alle Philosophie nicht hinreicht*», und es bleiben dem kargen Marées nur zwei Worte aus einer ganz andern Sprache: «Glauben und Hingebung». Das ist nicht die Gewissheit der Intuition, der Simultaneitäten, der Synthese, sondern die der Wesenheiten und der Kreaturierung. Hier eröffnen sich die dem Menschen gegebenen schöpferischen Möglichkeiten, nicht als Analogie, sondern als der Natur menschlicher Natur, der naturenden Natur (vergleiche Aristoteles: Nachahmung der Natur. Zitat aus Haecker; Vergil, S. 44). Ich muss hier aber abbrechen. Lassen Sie sich aber die Freude an der Lektüre des Werkes von D. Frey nicht trüben. Ich weiss ja nicht, mit welcher Antithese er arbeitet, welche Alternative er der im denkerischen (also unbedingt metaphysischen und sauber wissenschaftlichen) Untersuchung entgegensetzt, wenn er ebenso analytisch aber sicher die Synthese nicht folgernd, sondern voraussetzend, die

Bildmittel sucht, also ihre Rationalität. Aber jedenfalls geht er in der geistesgeschichtlichen Darstellung über diejenige Riegls und Dvoráks hinaus und dringt zu einer Kunstphilosophie vor, die der idealistischen Philosophie verhaftet eine Metaphysik der Kunst beabsichtigt (wie sie von Heidegger zu erwarten ist).

Ich hoffe, dass diese erkenntnismässigen Studien, die Sie so erfreulich betreiben, das Gegengewicht, den schöpferischen Nährgrund gewichtiger werden lassen, dass Sie mit dem Pinsel in der Hand die selben Erkenntnisse von der andern Seite kommend erlangen und nicht theoretische Erkenntnis (Wissen um seiner selbst) applizieren. Nehmen Sie hier nicht mich zum Beispiel, sondern meinen Bruder, der ebensoviel studiert wie ich, dem aber nicht einfiele, seine Gedanken schriftlich zu fixieren, die ihm aber helfen den Pinsel sicherer zu führen, oder zielvoll. Er hat denn auch eine kleine Plastik von mir lieber, nicht dass er darin unsere Gedanken wiederfindet, sondern dass er vor ihr zu diesen Gedanken gelange. (Sie bemerken wohl guten Willens den Unterschied von Wissen und Wissen, den ich bezeichnen möchte und damit nicht das Unwissen oder das Gefühlsmoment propagieren möchte).

Aber an das Vorangegangene anschliessend muss ich mich etwas um mein wahres Erlebnis im «Petit Palais»[27] wehren. Ich habe Ihnen keine geschlossene Darstellung dessen gegeben, was ich vor Bonnard und Matisse im Petit Palais gedacht habe. Ich war auch vor meinen Begleitern (Spörri ausgenommen) in Paris völlig stumm, gab meiner Meinung Ausdruck, wenn ich gefragt wurde, was selten, auffallend selten oder äusserlich war. Es gibt eben Menschen ohne Gespräch, daher vermutlich ohne Form, ohne Formgehalt, ohne die Gemeinschaft der Allgemeinheit des Menschlichen, aufgrund des Wesens des Menschen (das eigentliche Problem des Marées, wozu das Briefzitat gehört) — ohne Sprache also, aber vielleicht auch ohne die Alternative, an der der innere Monolog seinen Fortgang nimmt. —

Sie werden leicht bemerkt haben, dass mein Sinnen und Denken, nach meinem bescheidenen Vermögen, einem integralen Realismus zu sich orientiert, in dessen Zentrum für den Menschen und von ihm aus die Action ist. Ich wüsste nicht wie anders ich der Gestalt, die direkter Gestaltsinn ist, begegnen könnte und so über das Glück aller

---

[27] Das «Petit Palais» beherbergte während der EXPO 37 eine grosse, herrliche Ausstellung Französischer Kunst, besonders des 20. Jahrhunderts.

individueller Äusserungsart bei Matisse, Bonnard, Vuillard und
anderen das Gleiche, das Bleibende, das Allgemeine, das Klima
Maillols zum Beispiel suchte und fand, um von hier zurückkehrend
die Evolutionen, das Blühen und damit auch dem Besondern, das
vom Allgemeinen kommend zum Allgemeinen finden muss, darf ich
so sagen: mit dem Herzen, oder zwischen Herz und Gehirn verbindend
zu «geniessen» nicht als Aesthet, sondern als Dankender.
Diese Demut ist keine moralisierende oder romantische Bescheidenheit
(Vuillard ist nicht ein französischer Detailbiedermeier).
Wie im Petit Palais Bonnard gezeigt wird ist so glücklich, dass ich
sagen dürfte, es erübrige sich um dieser Gesamtheit willen da und
dort noch ein gutes Bild Bonnards aufsuchen zu müssen. Für mich
wird der «Umfang» Bonnards gezeigt. Ich bemerkte rasch die Extreme
innerhalb dieser Darstellung der B.schen Malerei, eine untere
Basis, um mich so auszudrücken und eine äusserste Grenze in der
Sichtbarkeit im Extrem dazu, eine einmal festzustellende Grenze
der Möglichkeit der Sensibilität, getragen von einer sich nahezu isolierenden
Spiritualität. Zu den erstern zähle ich die grauen, frühern
Bilder, um den Ausdruck tonig noch nicht ausgeben zu müssen; —
zu den äussersten andererseits zum Beispiel das grosse Interieur,   S. 107
Tisch vor ultramarinblauem Fenster, Tisch vorn weiss, die Gegenstände
ganz vereinzelt aber «kriblig» gelockert *eingesetzt*, parallele
streifige Schichtung, letzter Streifen des Tisches kobaltig, kühler
blau als das Fenster, rechts die Figur schmal am Bildrand, orange
ohne figürliche Substanz, auch kaum mehr logische Raumfigur,
schemenhaft; die Dinge sind wie Notationen in einem supponierten
Allgrund bezeichnet, angemerkt, Seismographenschrift von reiner
Farbe an notgedrungenen Dingformen haftend; die Surrealisten
entdecken plötzlich Bonnard, obwohl sie sagen, er sei ein dummer
Maler; ich glaube der arme gescheite Adolph Basler schrieb einmal:
«Bonnard, der Portier des Surrealismus». Aber auf dem Tisch stehen
immer noch Karaffen und Fruchtkörbe, deren Dinglichkeit von
einem Licht, aber einem Licht fast greifbarer Substanz verdünnt
und aufgezehrt wird, einen Moment immer wieder ist diese «Substanz»
nur Materie, Oelfarbe, und *nicht Dichte des Lichtes* und geht
doch wieder in den supponierten Allgrund über. Dieser ist nicht die
Tiefe Cézannes, wenn auch einige Schwebungen vor und zurück
durch die komplementäre Farbe, das Kalt-Warm, ihn in eine leise
Bewegung bringen. Ich kritisiere nicht, ich konstatiere mit Empfindung,
die mich hinausträgt — wohin? und nicht hineinträgt, und

dennoch ist dieses Bild eine Intuition, also eine Einheit. — Ihre Frage konnte sich mir richten an den Gestaltsinn, mit der man hier einem Medium und keiner eigentlichen Realisierung begegnet. Dieses Medium widerstrebt auch unsern Augen, sich aus der Überschreitung unseres Blickfeldes in die Fassbarkeit zusammenzuziehen.

Nicht auf den ersten Blick, aber dennoch ist das von Ihnen erwähnte Bild, die Frau am Schrank hinter schmalem Tisch, eine Konsequenz aus dem zuvor beschriebenen. Ihre treffliche Formulierung (des durchlöcherten Weiss, der Raumillusion entgegenwirkend) halte ich Ihnen sehr zu gut (vergl. S. 56). An der hinausgetragenen Grenze sammelt sich die pure Helligkeit (des erstbeschriebenen Bildes) im puren Weiss des zweiten Bildes. Will er das Absolute erzwingen? das sich in diesem Weiss noch halten muss. (Auch Marées laborierte in anderer Art an dieser Grenze.) Darum die karmin und schwarzen Kontraste, die Polaritäten, jedes um des andern willen, doch ohne sich restlos vereinigen zu dürfen, ohne verschwinden zu müssen. Dadurch erhält sich in dem Bilde eine starke, aber brüske Dimension ohne Mass, das äusserste Sehereignis ohne Differenzierung einer letzten und in sich aufgehobenen Differenz, — das hängt zusammen mit den Identitäten der Metaphysik, hier könnte der «Surrealismus» anschliessen, aber er verpasst die Gelegenheit, denn er meint ja die tapezierte metaphysische Kaverne, das metaphysische Logis, die Mansarde im ∞ Stockwerk, im Dach über den Wolken. Bei Bonnard stehen noch Fruchtkörbchen auf dem Tisch, da krabbeln keine Madengöttchen des Surrealisten. Sind nun nicht Bilder Bonnards im Petit Palais, die die Dimension zwischen den äussersten Differenzen so voll in der Raumwirklichkeit auflöst? Müssen wir ihn tadeln, wenn er uns zeigt, mit welcher Konsequenz er denkt vom Fühlen und Wollen begleitet, die mit dem Denken (dem intellectus) das Wesen des Geistes ausmachen, wenn wir sehen dürfen, wie er sich den Platz, den Raum ausspannt und immer noch mit primären Mitteln der Malerei für seine Gestaltung? Wäre es möglich ohne die innere Dimension zu erreichen, sie anzufüllen mit dem Bonnardschen Reichtum? Ich messe diesen nicht nach demjenigen Cézannes, sondern nur nach dem Erreichten in der, in seiner Einheit. Es steht unter dem Prinzip, dass nichts von unten nach oben sich erklärt, sondern vom Höhern zum Untern. Nun sollten mir lieber Worte gegeben sein über die Bilder zu sprechen, vor denen mir das Maréessche Selbstvergessen gelungen ist; das wäre

doch der Sinn des Bildes, der erreicht werden muss im Schauen, im goethischen Staunen, wenn schon das Selbstvergessen vor den Dingen der Natur um zu den Wesenheiten zu gelangen so schwer ist, und der Kraft der ganz grossen Maler und Bildhauer und Dichter bedarf, die uns an der Hand unmerklich durch ihre Gestaltung dazuführen durch und in ihr Werk. Aber ich denke im übrigen sind wir einig.
Ich müsste mich auch zu Matisse in dieser Art der Erfassung äussern. Dass ich mit impulsiven und unverbundenen oder mit verschwiegenen Verbindungen zu dem oder jenem Bild von Matisse mich äusserte und bei Ihnen oder Ihrer jetzigen zeitlichen Disposition, die so gut und komplex ist, auf Glatteis geriet bemerkte ich sofort; dass Ihnen das starktonige Interieur Eindruck machte, ist gesund, wenn ich auch von dort aus noch andere Konsequenzen verfolgte. Ich kann Ihnen Ihr Recht und die Genugtuung durch Matisse selbst verschaffen; es gibt ein ganz gleich gemaltes Bild wie dieses Schrankinterieur. Ein Modell sitzt links auf dem Tisch, etwas tiefer ein Maler vor der Leinwand. Matisse schätzt dieses Bild, er soll gesagt haben, wenn jemand von ihm etwas lernen wolle und könne, so von diesem Bilde — also auch von dem Interieur im Petit Palais.

S. 109

Nachtrag zu Bonnard: das Bild «Frau am Schrank» ist nicht ganz neu. Unmittelbar auf diese Bilder folgten solche mit ganz farbigem Lichtfluss, zum Beispiel Akt an eine Badewanne gelehnt, von unerhörtem Reichtum und gegenüber frühern farbig-flockigern von klarem, energischem komplexem Gefüge. Und daneben soll es auch neuere Bilder geben, in denen die Farbigkeit wie Nebeldichten das Bild durchzieht, so wie sich beim Schauen eines klaren blauen Himmels, der Licht- und Farbfülle, plötzlich dichte Dunkelheiten im Auge zusammenziehen.
Zu den andern Anfragen in Ihrem Brief werde ich die Auskünfte suchen. — Ich erwarte Sie gerne, wenn Sie nach Zürich kommen.

Meine besten Grüsse Ihr Ernst Gubler

Lassen Sie sich von sich aus nicht beirren; der Satz Marées' an Hildebrand soll gelten: «Ich möchte Dir überhaupt raten, mich, wenn Du an mich schreibst, nicht als den mit Obstruktionen und versetzten Winden geplagten Menschen zu betrachten, sondern als etwas beliebig Allgemeines, als eine *Gelegenheit* und nichts weiter» (1871).

Dezember 37 (Karte)

Lieber H.J.

Ich muss Ihnen doch in Eile den Empfang Ihrer schönen Zeichnung[28] bestätigen, ich werde sie denn auch zu schätzen wissen. Ihren übrigen Dank sah ich ja lieber in Ihren Arbeiten. Ich habe bis jetzt viel verschwendet — um sehen zu müssen, wie Etliche einen schnellen Formalismus daraus machten um so für den Tag Münze draus zu klopfen, — ein Missverständnis, da ich nicht viel Wert darauf lege was man macht, sondern *wie* mans macht, nicht was man denken soll, sondern *wie* man denken muss. So soll alles was ich tue und sage Ihrem Kritizismus begegnen, denn nur was zum eigenen Erlebnis wird kann fruchten. Was denn die Schnellen vorneweg zu nehmen glaubten ist ja das Gegenstandsmotiv, das wahrlich doch mein realistisches Eigentum ist, denn das Geistige danke auch ich Andern mit Andern. So musste ich neulich erfahren, dass jemand sagte: «Ja, er (das wäre ich) studiere viel, wir aber (und das ist der andere) malen». Also fahren wir fort, es ist unendlich viel zu tun, die Zeit wird hart mit ihren Forderungen, es wird schwer sein wie immer und nur mit scharfer Erkenntnis kann man seine, eines Jeden Situation erfassen um überhaupt zu wissen was man tun muss.
Ich bin jetzt Krankenpfleger und bin selbst sehr reduziert. Ich hoffe Sie aber nächste Woche doch einmal sehen zu können.

Freundschaftlich grüsst Sie Ihr Ernst Gubler

---

[28] Ich sandte EG., vermutlich auf Weihnacht, eine kleine Selbstbildnis-Zeichnung.

Abbildungen

André Derain (1880-1954) Grosses Stilleben, 1922

Inneres der Asamkirche in München, gebaut 1733-36

Tizian (1476-1576) Dornenkrönung, 1575/76

Jacopo Tintoretto (1518-1594) Christus bei Maria und Martha, von Ernst Gubler «Die Fusswaschung» betitelt.

Anselm Feuerbach (1829-1880) Nana mit Fächer, 1861

Hans von Marées (1837-1887) Die Werbung

Peter Paul Rubens (1576-1640) Selbstbildnis mit Isabella Brant, auch «In der Geissblattlaube» genannt, 1609/10

Vincent van Gogh (1853-1890) Selbstbildnis als Raucher, 1889

Paul Cézanne (1839-1906) Der Raucher (Ausschnitt) 1895

Paul Cézanne, Der Mont Ste. Victoire, Aquarell, ca. 1900

Masaccio (1401-1428) Der Zinsgroschen (Ausschnitt)
Fresko in der Brancacci-Kapelle in Florenz

Giorgione (1476-1510) Bildnis eines jungen Mannes

Jean-Antoine Houdon (1741-1828) Büste des Marquis de Condorcet, Mathematiker, philosophischer Schriftsteller, Politiker (1743-1794). Er gehörte zum Kreis der Enzyklopädisten

Paul Cézanne, Selbstbildnis mit flachem Hut, um 1880

Paul Cézanne, Frau mit Kaffeekanne, ca. 1890

Paul Cézanne, Porträt des Gärtners Vallier, 1905

Jean-Baptiste Siméon Chardin (1699-1779) Der Zeichner

Edouard Manet (1832-1883) Der Pfeifer, 1866

Adolf Schinnerer (1876-1949) Raufende Hunde, 1925

Adolf Schinnerer, Das Meretlein, 1943, Radierung/Kaltnadelblatt, aus dem durch
Gottfried Kellers gleichnamige Novelle inspirierten Zyklus

Adolf von Hildebrand (1847-1921) «Vater Rhein»-Brunnen in München, vor dem Deutschen Museum

Jacopo Tintoretto, Venus, Vulkan und Mars, 1550

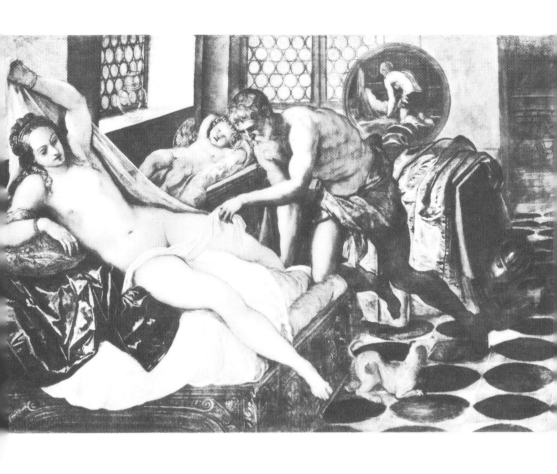

Pierre Bonnard (1867-1947) Esszimmer mit Frauenfigur, 1933

Henri Matisse (1869-1947) Atelierecke, 1899

Ernst Gubler (1895-1958) Stehender Jünglingsakt, um 1936, Gouache

Ernst Gubler, Frauenkopf, aus den Vierzigerjahren, Gouache

Ernst Gubler, Zwei Frauen, Zeichnung, ca. 1937

Otto Meyer-Amden (1885-1933) Selbstbildnis, Aquarell, um 1930

Nachruf auf Otto Meyer-Amden

> Ihr seid im Gang getrennt,
> im Zweck gesellt.
> Stefan George.

Einen Ordner mit innerm Auftrag erkennen wir in Otto Meyer. Denn hinter der Ordnung steht eine Initiation, die sich auswirken möchte in den mannigfachen Menschen, die sie zu erfassen vermag, die um Otto Meyer stets gegenwärtig war, fühlbar noch im Geraune um den zeitlebens fast legendären Künstler und sein Werk, in der Benennung «Meyer-Amden und sein Kreis», eine Benennung, die selbst heute nicht eng zu umschreiben ist, sondern vielmehr als ein organisches Wachstum seiner Wirkung bezeichnet werden muss. Zu dieser weiterschwingenden Auswirkung eines nun beendeten Lebens müssen jene, die ihr direkt und in der Nähe weilend teilhaft wurden, die pädagogische Tätigkeit zählen, zu der Otto Meyer ein Lehrauftrag an den vorbereitenden Klassen der kunstgewerblichen Abteilung der Gewerbeschule Zürich die Direktion Gelegenheit bot.
Ein Vermerk in einem frühen Malerbriefe: «Wie viel lässt sich machen aus einem Blatt Papier, wieviel mehr aus einem Menschen», kennzeichnet die Grundstimmung des Wesens Otto Meyers. Das Leben und der lebendige Geist standen für ihn voran, die Kunst kann nur Folge sein, «um die Kraft darzustellen, daraus Kunst entsteht,» und um zu gehorchen, wo auch sie in einer Ordnung wirken mag. — Er kam mit dem Verlangen zu lehren, mit der Begier, voller Erwartung und innerer Sammlung und Gewissheit, um im bildsamen Gut die Kraft freizulegen, wo im jungen Menschen Lebendiges sich erschliesst, zu bewahren, zu weisen, oder Verschüttetes zu entblössen zu schönerem Beginnen im Vertrauen. Er nahm nicht zuletzt im Geheimen auch diesen jugendlichen Bereich zur Prüfung

der Tragweite und der Direktheit seiner eigenen bildnerischen Ausdrucksmittel, die sich messen an der Übereinstimmung menschlicher Empfindungen und ihrer Verbundenheit, die allein wertvoll sind und mitteilungsmöglichen Ausdruck finden können, als ein bildsamer, seelisch-geistiger Werkstoff, der immer bleibende, dauernde, immer neu entzündete durch eine ideelle geistige Leidenschaft. Diese Unmittelbarkeit des Erlebens und der Einsicht war ihm der einzige Grund, auf den er auch als Lehrender bauen wollte; wie denn alles von innen her sich aufbaut, dass an ihm die ungeschriebenen Gesetze sich wiederholen. Und wie er immer dem Entwicklungsfähigen und Hoffnungsvollen zugewandt war und das geringste Korn des Guten im jungen Menschen aufspürte, um es zu hüten, mass dieser Erzieher nicht an Fehlern und Unzulänglichkeiten; er wertete das bescheidene Tun des Beflissenen gleich einer Übung in der Ehrlichkeit wider sich und ein stetes Erinnern und Besinnen auf das, was einer tut. Diese Aufrichtigkeit war die einzige Voraussetzung, die er vom Schüler forderte, und die er erringen wollte. Denn für ihn gab es keine guten und schlechten Zeichnungen, sondern solche die strahlen und welche, die nicht strahlen.
In der schlichten Weise des Verantwortungsbewussten fasste er selbst in einer Wegleitung das Ziel seines Unterrichtes in den Sätzen zusammen:

«Das Bestreben in diesem Kurs geht auf ein Naturstudium auf der Grundlage vorerst individueller Neigung des Schülers.
Das Ziel ist:
seine wahre und einfache Empfindung gegenüber der Natur zu pflegen,
dieser Empfindung möglichst wahren und einfachen Ausdruck zu geben zu versuchen,
zur Gewinnung von ebenso wahren, einfachen, vielleicht neuen Ausdrucksmitteln.»

Eine Fortsetzung, eine Auswirkung dieser Grundlagen war gedacht im «Versuch des Schülers, diese seine Ausdrucksmittel zu sammeln zu einer sehr lebendigen, wahren, sinnhaften Ordnung voll besonderer Kraft, mittelst deren er überall eingreifen könne, wo Darstellung in diesem Sinn erlaubt oder gefordert wird.»
Er setzte dem Schüler nie die Objekte als Modelle vor, um ihm sein eigenes Empfinden davor zu übermitteln. Er liess den Schüler warten, warten, bis diesen ein Ding ansprach, nicht als ein schöner Gegenstand an sich, sondern wie er in der Begegnung hervortrat durch

seine besondere Eigenschaft, durch eine Form, eine Farbe, oder im Zusammenschauen der Dinge, als eine Überraschung, im Staunen — wie wir aus dem Meer von Kieseln plötzlich einen Stein erblicken, ihn aufheben und zurückgeben — dass derart ein Ding immer als Werdendes, als Gewordenes schon im bescheidensten Sinne des Bildes im Zeichner nach Darstellung verlangte. Otto Meyer war der Verschwiegene, der wissend «Unwissende» mit dem gütigen Lächeln, mit dem Hinweis seiner fragenden und antwortenden Augen. Mit seiner zuversichtlichen Geduld führte er den Zögling, er liess ihm Zeit zur Übung in der Besinnlichkeit, zum Suchen nach seinem Verlangen und nach der Antwort auf die Frage, dass er mit der weitern Frage die Antwort auf die erste sich selber gebe und die Beobachtungen verknüpfe.
Ein leuchtender Apfel, eine Perlenschnur, ein gefaltetes Papier, die Wiederkehr der Wasserwellen, die rissige oder glatte Rinde einer Baumart, das koboldartige Fläschchen, die Plakatsäule am Strassenzug, ein Signallicht, ein Fensterkreuz im Widerlicht, der fliessende Glanz der Seide u.s.f. ergaben ein Motiv. Die andächtige Akribie, mit der der Stift auf dem reinen Blatte die Dinge behandelt, von forschendem Eifer geleitet, der bis zum Dingbildnis drängt, lassen auf einen neuen Natursinn schliessen, der innig und ernsthaft werden kann, weil er nicht allein von ästhetischen Gesichtspunkten geleitet wird. Was hier der kläubelnde Zeichenstift hervorbrachte, mag an Konterfeie von Pflanzen und Materialien aus der Goethezeit gemahnen und vielleicht wieder in der Richtung auf das hintergründige Naturgefühl jener Zeit weisen. — Die forschende Aufmerksamkeit und die minutiöse Ausführung treiben auf einigen Blättern das Abbild des Gegenstandes ins Überkonkrete, dass das Objekt in seiner Selbständigkeit ein bannendes Moment erhält, wie ein Widerbild, das den weissen oder schwarzen Grund als neutrale, objektivierende Folie sich beimisst. Mag der Schüler aus diesem Gefühl, das der vereinzelte Gegenstand erzeugte, nach räumlicher Einordnung der Dinge verlangt haben, so war für ihn die neue Darstellungsaufgabe gefunden. Die aufgeweckte Vorstellungskraft mischte oft in freien Entwürfen naturalistische und phantastische Elemente zum Reiz des Seltsamen, oder liess wieder durch Verschiebung der Elemente in ihrem Wertmass dem jugendlichen Humor freien Weg. Sowohl in den Naturstudien, sowie in den freien Darstellungsversuchen, die meist aus den Elementen einer Naturstudie hervorgingen und sich an einem neuen Motiv aus der Vorstellung entwickelten,

folgte die Arbeit den Vermerken einer Disposition. Sie stützte sich in den Hauptpunkten auf die optischen Eindrücke und ihre Beziehungen untereinander, sie gestaltete sich aus nach dem sinnverbundenen, eindrücklichen Vorstellungsbild, dass dieses nicht vor der mannigfachen, veränderlichen Natur sich verliere, sondern in einer einfachen Ordnung die ausdrücklichen, sehgerechten Mittel finde: Rhythmen, Dynamisches, Richtungen, deren Bezüge untereinander und zum Format. Ihnen ordnet sich Gegensätzliches und Verwandtes in Form und Farbe ein, das Helle und das Dunkle, die Stufenfolge der Tonleiter, Strukturen und das Stoffliche, wie weich und hart, matt und glänzend, u.s.f. Ihnen allen übergibt sich die Farbe. Durch sie verwandelt sich die spezifische Farbe im Suchen nach dem Klang, wie z.B. ein Rot nach dem passiven Blaurot oder nach dem aktiven Rotgelb sucht, um im Zusammenklang «eine teils harmonische, teils charakteristische, oft auch unharmonische» Wirkung hervorzubringen, die die «sinnlich-sittliche Wirkung der Farbe», wie sie Goethe nennt und den sittlichen Gehalt im Visuellen einbezieht, da das Auge nicht nur nimmt, sondern auch gibt; wie denn die Erfahrung lehrt, dass die einzelnen Farben besondere Gemütsstimmung geben. So hielt der Schüler die anziehendste Farbe des Dingbildes im Auge, um ihre Komponenten zu erwecken, die Farbwerte im Format nach Stärke und Grösse zu ordnen, zum fühlbaren Gleichgewicht, zur Bewegungsfolge der Formen, um die «Stimmung» zu erzeugen. Die Farbe gab dem Schüler Anlass zu ersten Versuchen, diese zu abstrahieren aus dem Naturbild, um sie sinnvoller zurückzuführen auf die Sicht eines Motives, oder in sie eine Geometrie zu legen, oder aus Freude an einem Farbklang lockeren, ornamentalen Spielformen zu folgen. Das Minutiöse der Ausführungen mancher dieser Schülerzeichnungen war nicht Selbstzweck, sondern Folge einer Genauigkeit im Bestreben nach einer erwünschten Dichte, in der die ineinandergelegten Stadien der Arbeit, je nach Gelingen, zu einer einfachen Bildlichkeit sich schliessen möchten.
Die technischen Mittel: Der duldsame Bleistift, die harte, tiefschwarze Kreide, die scharfe, gespannte Feder, die tranparente Wasserfarbe, der malende und zeichnende Farbstift sind Instrumente in der empfindsam geleiteten Hand, deren Eigenschaften sich in direkter Weise dem gewollten Ausdruck vereinen; Mittel, die Otto Meyer sich jeweils selbst dienstbar machte, in einem Feinschnitt formaler Rhythmik, in vollkommener Sicherheit des Aus-

drucks und der Aequivalenz. — Man muss jeden Punkt prüfen, selbst bei dem glücklichen Zutun der Intuition, meinte Otto Meyer wiederholt. Es ging ihm nicht um Vermittlung von Fertigkeiten, die im neuen Sinne des Absichtsvollen mit den Erfahrungen des Schülers dennoch schritthalten.

Die starke Persönlichkeit gab sich völlig im Einfluss, den sie auf beinahe alle ausübte, die sich ihr näherten, aber sie erschöpfte sich nicht. Im Geben suchte sie den Zusammenhalt und Einklang der Gesinnung mit dem Anspruch auf höchste Strenge sich selbst gegenüber und auf die Pflicht der Vorbildlichkeit in Sinn und Leistung. Eine bildnerische Selbstzucht. Seine Schüler und Freunde liebten Otto Meyer nicht allein der beglückenden Wirkung seines künstlerischen Werkes wegen, sie spürten auch die Kraft des Erziehers, die in das schwer Zugängliche und Gebundene im Wesen des Menschen zu dringen vermag, dass im Sinne des Nietzschewortes, deine Erzieher und wahren Bildner doch deine Befreier sein können.

März 1934 Ernst Gubler

Den schönen Nachruf Ernst Gublers auf seinen Freund und Lehrerkollegen Otto Meyer-Amden konnten die Schüler der Kunstgewerbeschule Zürich damals in einer gediegenen Broschüre lesen, die ihnen allen von der Direktion geschenkt wurde, zur Erinnerung an ihren Lehrer. Sie enthielt ferner Reproduktionen eines Selbstbildnisses des Verstorbenen sowie einiger Schülerarbeiten. — Es schien mir geboten, den gehaltvollen Text der Vergessenheit zu entreissen, zumal etliche Züge dieser Charakterisierung auch auf Ernst Gubler selbst zutreffen.

Nachwort

Ernst Gublers Lehrbriefe
Briefe an Schüler, an Freunde, an seine Brüder hat Ernst Gubler wohl viele Hunderte geschrieben. Die Broschüre, die 1959 in der «Bogen-Reihe» im Tschudy-Verlag in St. Gallen erschien, gab Kostproben, verriet seine weitgespannten Interessen, seine profunden Kenntnisse.
Aus diesen Briefen geht hervor, welch unvergleichlicher Lehrer und Menschenbildner Ernst Gubler war, der seine künstlerischen und weltanschaulichen Probleme präzis profilierte und der dank einer immensen Wissensfülle und Belesenheit sich zu einer Stellung von höchstem Rang und Verantwortungsbewusstsein erheben konnte. Seine strenge Selbstzucht, die ihm zeitlebens eine intensive Leistung als Kunsterzieher, als Maler, Zeichner, Plastiker abforderte, war wohl ein Erbteil seiner Mutter, die eine Frau von ganz ungewöhnlichem Format gewesen sein muss, da sie ihre drei Söhne zu einem Arbeitsethos verpflichtete im Sinne des Bibelwortes, dass man mit seinen Talenten wuchern muss.
Solch andauernde Anspannung liess Ernst Gubler nur selten heiter und gelöst erscheinen; man hat ihn zwar hie und da lächeln, aber kaum je lachen sehen... Seiner Schüler hat er sich angenommen weit über das lehramtliche Pflichtsoll hinaus — wie oft hat er «ausserdienstlich» an ihren Entwürfen und Kompositionen weitergedacht, wenn ihre Arbeit ins Stocken geriet, wie viele Briefe sandte er denen nach, die zur weiteren Ausbildung im Ausland weilten (zu meiner Zeit waren dies in München Heinrich Altherr — Sohn von Alfred Altherr, Direktor der Zürcher Kunstgewerbeschule, sowie Rudolf Moser — später als Bühnenmaler, Grafiker, Zeichenlehrer in Bern tätig). Seine Lehrbriefe waren wirklich Nahrung «vom Tische des Reichen», und es war für uns Empfänger oft schwierig, diese Schreiben in ihrem Sinn voll zu erfassen, geschweige denn «auf gleicher Ebene» zu beantworten. Ich versuchte es wie unter hypnotischem Zwang (auch Otto Meyer-Amden, dieser sokratisch Fragende und Fordernde, hat manche Schüler zu Leistungen beflügelt, die sie später kaum mehr erreichten), wollte quasi ein Echo sein...
Klaus Speich hat einmal das Wirken Ernst Gublers mit tiefem Einfühlungsvermögen geschildert und auch das Faktum erwähnt,

dass bei so intensiver Betreuung seiner Schüler es für diese oft nicht leicht war, ihre eigene Individualität zu entwickeln. Für manche entstand ein Zwiespalt zwischen dankbar empfangener Belehrung und der Schwierigkeit, ihr völlig gerecht zu werden... So war es auch mir ergangen.

Die Brüder Gubler im Café
Am 9. April 1936 trug mich der Zug nach München, wo die zweitägige Aufnahmeprüfung in die Kunstakademie zu bestehen war. Tags zuvor hatte ich im «Wiener Café Bristol» (Ecke St. Anna-Gasse/Pelikanstrasse) Ernst Gubler getroffen, der mir noch einige Ratschläge geben wollte (Adolf Schinnerer, mein zukünftiger Lehrer, war ja früher auch *sein* Lehrer gewesen, als Nachfolger des Schweizers Peter Halm). Das Café war durch Querwände in einzelne Kojen mit je einem Tisch aufgeteilt; an beiden Wänden hingen grosse Spiegel, so dass man aufschauend sein Spiegelbild erblickte, dann das Widerbild des Spiegelbildes und so immer weiter, dergestalt, dass man sich unzählige Male kleiner und kleiner werden sah, bis man als Punkt in der Unendlichkeit entschwand... ein unheimliches, verwirrendes Bild!
Zu Ernst Gubler gesellte sich bald Max Gubler, der damals für kurze Zeit in Zürich war, und wenig später kam ein grosser, hagerer Mann mit Adlernase und Bartkoteletten: das war der älteste Bruder Eduard (es war das erste und einzige Mal, dass ich die drei Brüder zusammen sah). Meine Stimmung war gedrückt: der plötzliche Tod meines Vaters, die Ungewissheit, ob ich in München die Prüfung bestehen würde, das bevorstehende Erlebnis des ersten Ausland-Aufenthaltes, dies alles lähmte mich. Die Brüder verstanden mein Schweigen; bald waren sie in eine rege Kunstdiskussion verstrickt (noch erinnere ich mich, wie Max ein Zündholzschächtelchen aus der Tasche zog, um an den drei Farbflächen — gelb, blau, violett — ein Lichtproblem zu erläutern). Diese sprühende Unterhaltung faszinierte mich, ich lauschte gebannt und vergass meine Sorgen völlig.
— Die drei Brüder entliessen mich mit guten Wünschen...

Bei Max Gubler in Montrouge
Oktober 1936: endlich war es so weit: ich durfte die Cézanne-Ausstellung in der Orangerie in Paris besuchen, ein grosses Erlebnis stand mir bevor! Abends bestieg ich in Zürich den Fernzug, in Basel war Passkontrolle; im Elsass liess sich ein älteres Ehepaar im Nach-

barcoupé nieder. Sie: «In däne Schwizer Woje isch es immer am süwerschte», und am Morgen, kurz vor der Einfahrt: «Hosch dü ebber gepfüst?» Die Dampflok mässigt ihr rasendes Tempo, das Frühlicht malt schräge Bahnen auf russgeschwärzte Backsteinmauern, der Zug hält in der «Gare de l'Est». Häuser mit Brandmauern, an denen riesige Plakate kleben, von Cassandre, Colin und anderen vorzüglichen Pariser Grafikern. Ein Clochard mit einem Sack über den Schultern stochert mit einem Stock in Abfallkübeln herum, um etwas Essbares zu finden, jetzt hat er einen angefaulten Kohlkopf ergattert, schiebt ihn in den Sack. Zu Fuss wollte ich ins Zentrum gehen, um möglichst viel zu sehen, gerate aber immer weiter an die Peripherie. Also ein Taxi genommen, das in halsbrecherischer Fahrt sich durch die Autokolonnen schlängelt. Das kleine Hotel «Henri Quatre» beim Pont Neuf, von Bekannten empfohlen, ist voll, schliesslich finde ich an der Rue de Seine ein Zimmer. Kleine Kunstgalerien gibt es dort, Metzgerläden, wo Fliegen die aufgehängten Fleischstücke umschwirren. «Vous avez vu cet anglais?» frägt eine kleine, magere Frau ihre Nachbarin, offenbar meint sie mich. Im Zimmer Tapetenblumen wie auf Matisse-Bildern. Unten ruft ein Zeitungsjunge unaufhörlich: «L'Intran — L'Intran..». Damit ist das Abendblatt «L'Intransigeant» gemeint, für das Cassandre ein schönes Plakat geschaffen hatte. Abends noch ein Gang zur Seine, auf einer Bank sitzt eine magere Greisin mit verfilztem Haar, in ihrem zerschlissenen Mäntelchen zitternd vor Kälte. Betroffen von dieser Armut schob ich ihr eine Banknote in die Hand, ging eilends weiter. Wohl jeden jungen Menschen, der in Geborgenheit aufwachsen darf, erschüttert die erste Begegnung mit der unverhüllten Not.
Anderntags in die Métro, aus deren Luftschächten ein Geruch nach gekochter Wäsche empordrang; Clochards sassen auf den Treppen, lagen in Winkeln, um sich zu wärmen, das hatte ich in der Schweiz nirgends gesehen, dieses Elend. In den weissgekachelten Tunnels überall die drei Plakate von Cassandre «Dubo - Dubon - Dubonnet», suggestiv durch die ständige Wiederholung. Endstation «Porte d'Orléans» mit dem «Marché aux puces», damals eine triste Sache: auf zerschlissenen Decken am Boden liegen verrostete Schrauben, ein paar Veloklingeln, verbeulte Emailschüsseln, ausgetretene Schuhe — wirklich das Arsenal der Ärmsten! Durch versengtes Gras, das einen Hügel bedeckt, schlängelt sich ein Fusspfad; oben werden verlotterte Bretterhütten sichtbar, mit rostigen Wellblechdä-

chern, mit Fensterrahmen, in denen oft eine Scheibe fehlt und durch Karton ersetzt wurde. Magere Katzen schleichen herum, dürftige Bäumchen recken ihre Arme zum Himmel... In der Ferne wie eine Vision die Siedlung der «Cité universitaire» mit Corbusiers markantem Riesenbau für die Schweizer Studenten. Da zeigt sich eine Doppelreihe einfacher Atelierhäuser aus unverputztem Backstein, im vordersten rechts wohnt Max Gubler, den ich besuchen darf. Auf mein Klopfen öffnet Maria Gubler, eine unscheinbare Frau mit wirrem grauen Haarschopf. Herzlich werde ich hereingebeten. Max begrüsst mich, auch er kein «Künstlertyp». In dem rundlichen Gesicht mit der Stirn, über die meist eine Haarsträhne fällt, ist nur der seltsam glitzernde Blick auffällig. «Ein Raubvogelblick» denke ich. Max und Maria waren daran, auf Keilrahmen Leinwandstücke aufzunageln, worin auch die Gattin des Malers grosse Fertigkeit verriet. Der hohe quadratische Raum mit dem grossen Nordlichtfenster (von vielen Bildern her bekannt) war durch Staffelei, grosse Palette, Arbeitstisch, durch viele, zur Wand gekehrte Bilder charakterisiert. Eine schmale Treppe führte auf eine Empore, auf der Betten sichtbar waren. Bescheidene Möbel, nur die Bilder wirkten kostbar. Einige Katzen bevölkerten das Atelier, typische Pariser Katzen: schlank, langbeinig, mit kleinem Kopf, sehr eigenwillig (es konnte ihnen einfallen, von einer Fensterbrüstung auf die Schulter eines Sitzenden zu springen).

Eine Unterhaltung entspann sich. Auf die Frage, welche Maler ich liebe, konnte ich nur wahrheitsgemäss antworten: «Eigentlich fast alle». Max lächelte. — Dann Aufbruch zu einem Gang ins Café. An der Métrostation stand der Zug schon bereit, Max und Maria gingen voran, sie winkte mir aufgeregt: «Chömed Sie, chömed Sie!» Ich rannte zur Sperre, doch unerbittlich schloss der Aufseher die Passage und wir mussten auf den nächsten Zug warten, der bald einfuhr. «Dubo - Dubon - Dubonnet». — Im Café standen des kühlen Herbstwetters wegen kleine Kohleöfen zwischen den Tischen. Wir sassen still und beobachteten die Passanten, so eine schöne junge Blondine im weiten weissen Mantel, die, von einem weissen Barsoi begleitet, wie eine Traumfigur vorüberschwebte. «Das wäre ein Motiv» fuhr es mir durch den Kopf. Max Gubler sah mich lächelnd an, er mochte wohl dasselbe gedacht haben. In seinem «Wirtshausgarten» (in der Braustube Hürlimann), der an Manet erinnert, sitzt vorn am Geländer ein Mädchen im langen weissen Kleid...

H.J.

Dank

Herzlicher Dank für die Erlaubnis zum Abdruck der Briefe sowie der künstlerischen Arbeiten Ernst Gublers geht an Frau Maria Gubler-Bilek und ihre beiden Töchter sowie an die von Ernst Gubler testamentarisch eingesetzten Nachlassverwalter Rudolf Frauenfelder und Karl Mannhart. Die Kunstgewerbeschule der Stadt Zürich / Schule für Gestaltung erlaubte mir den Abdruck des Nachrufes auf Otto Meyer-Amden. Frau Prof. Anna Schinnerer gestattete die Reproduktion zweier Werke Adolf Schinnerers. Für die Reproduktionsgenehmigung weiterer Kunstwerke geht mein Dank an die Verwaltung der Bayrischen Staatsgemäldesammlungen, das Kunstmuseum Bern, den Verlag Albert Langen - Georg Müller GmbH in München. Das Schweizerische Institut für Kunstwissenschaft in Zürich vermittelte mir die Erlaubnis zum Abdruck des Selbstbildnisses von Otto Meyer-Amden.
Tatkräftige Hilfe liessen mir die Gubler-Schüler Gianfranco Bernasconi und Frau Doris Weilenmann zuteil werden, ebenso Herr Georg Müller vom «Zürcher Forum».
Der Regierungsrat des Kantons Zürich hat an die Druckkosten einen stattlichen Zuschuss gewährt, wofür der Herausgeber Dank sagt!
Die Kunsthistorikerin Daisy Sigerist hat nicht nur die Briefe Ernst Gublers sorgfältig gelesen, sondern in verdankenswerter Weise auch mein gesamtes Material (Ausstellungskataloge, Kunstkritiken u. dergl.) über die Brüder Gubler studiert.

Die Ermittlung der Inhaber der Urheberrechte an den Illustrationen dieses Buches ist dem Herausgeber nicht in allen Fällen gelungen. Er ersucht darum die Betroffenen um Nachsicht und ist zu näheren Erläuterungen gerne bereit.

Fotosatz und Druck des Bandes besorgte die Buchdruckerei Franz Kälin AG in Einsiedeln
auf Werkdruckpapier Elfenbein 110 g SK3 der Bareiss + Wieland AG, Zürich.
Fotos und Offsetfilme von Repro Holdener, Einsiedeln.
Den Einband lieferte die Grossbuchbinderei Heinrich Weber AG in Winterthur.
Allen Mitarbeitern gebührt herzlicher Dank!

Vorzugsausgabe

Dieser Band der VORZUGSAUSGABE (Auflage 50 Exemplare) trägt die Nummer

Der dazugehörige Linolschnitt von H. Jakl nach einer Plastik Ernst Gublers hat dieselbe Nummer.

Hermaphrodit, der mit der Fußspitze sich in die Luft abstößt. Das überlange Kreuzstamm, bis hinauf zur Spitze der Taube, die eintritt. Alles wie eine Varieténummer von Trapezkünstlern, oder eine Matrosenvorstellung im Takelwerk des Lebensschiffes. Aber die Illusion ist vollkommen, der Sturm tobt, die Störung ist Verheißung. — — — — Schon seitlich des Eingangsportals die Leuchsfelsen der Fels Petri, auf dem sich die Kirche Roms erhebt, — Mittel der Überleitung, wie sie Hildebrand am Wittelsbacher Brunnen glänzend anwendete, hier als Übergang vom „Asphalt" über die Natur zum Kunstwerk, dort als Fels im Strom des Alltags für das ewige Symbol u. Gleichnis. Von hier aus werden die leichter Schlüsse ziehen auf die Bedeutung der Materie (des Überflusses, von dem wir allein leben, da uns alles geschenkt ist,) bei Tizian, stärker bei Tintoretto; die in der Sehnsucht des jungen Cezannes lebe, der wir als verdammte Existenzen hilflos gegenüberstehen, und uns dennoch nicht, wie so viele, in eine schale Ästhetik retten können und wollen. — — —

+

Hätte ich einen geschenkten Tag in München zu verbringen, so dürften Sie sich vorstellen, dass ich etwa vor denselben Bildern der Pinakothek u. der Staatsgalerie, die Sie aufführten, stehen geblieben wäre. Wären wir zusammen gewesen, (was wohl leicht im Sommer zu treffen kann,) so